# 이것만 알면 당신도 현대 시조를 쓸 수 있다
### - 50가지 상상 테마와 함께

하 린

▲ 더푸른

<서문>

문청 시절 시와 시조를 동시에 쓰던 때가 있었다. 두 분야의 신춘문예나 신인상에 응모를 계속 했었는데, 중앙일간지 신춘문예에 시조가 여러 번 최종심에 올랐다. 계속 써야 할까 고민하던 중 1998년 <광주매일> 신춘문예에 시가 당선되면서 자유시 창작에만 매진하게 되었다. 그럼에도 시조에 대한 미련이 계속 남았다. 지금 당장은 시 창작에 목이 말라 치열하게 시만 쓰고 있지만 언젠가는 개성 넘치는 시조집을 꼭 낼 것이다.

시조는 시조만의 고유한 특징을 가지고 있다. 시의 장점을 거의 다 갖추고 있으면서 압축미와 함축미를 표현할 수 있다. 촌철살인 같은 직관적인 문구를 배치하기에도 좋아서, 짧은 형식이지만 오래도록 음미할 수 있는 감동과 여운을 준다. 그럼에도 불구하고 시조를 답답한 장르로 인식하는 사람들이 많다. 그 이유는 정형성 때문이다. 정형률을 맞추어야 하는 부담 때문에 시조를 기피한다.

오늘날 현대 시조는 다양한 형태를 취하면서 정형률을 변주시키고 있다. 기본 정형률을 지킨 상태에서 자연스럽게 행과 연을 나눠 리듬감을 살리고 의미부를 강조하는 형태의 시조를 창작해 내고 있다. 시조를 잘 모르기 때문에 부담을 갖는 것이다. 이 책에서 제시한 다양한 시조를 경험한다면 누구나 시처럼 시조를 쓸 수 있게 될 것이다.

시조에서 아쉬운 점은 상상력 부재이다. 일부 작품을 제외하고는 놀랄 만만 상상력을 만나지 못했다. 정형률의 다양성을 획득한 상태에서 상상력만 가미 된다면 시조는 장르의 장점을 살리면서 무한대로 뻗어 나갈 수 있는 힘을 가지게 된다. 그래서 상상력과 관련된 책(『49가지 시 쓰기 상상 테마』)을 집필한 경험을 바탕으로 제안서 성격의 『이것만 알면 당신도 현대 시조를 쓸 수 있다 — 50가지 상상 테마와 함께』를 발간하게 되었다.

이런 분들에게 이 책이 읽혔으면 좋겠다. 시조의 정형률을 답답해하는 분들, 시조 쓸 소재가 더 이상 없다고 생각하는 분들, 같은 패턴의 시조만 쓰고 있다고 느끼는 분들, 시조 창작 실력이 제자리걸음만 한다고 여기는 분들, 새로운 발상의 시조를 많이 창작하고 싶은 분들. 그분들이 만약 이 책을 접한다면 기필코 예전과 다른 좋은 시조를 창작하게 될 것이다.

상상은 아직 드러나지 않은 잠재성을 열린 가능성으로 변화시켜주는 촉매제 역할을 한다. 이 책에서 제시하는 상상의 방법을 통해 자신만의 시조쓰기에 도달하는 '당신'을 만나길 바란다.

책이 나올 수 있도록 도움을 주신 분들이 있다. 예문을 찾는데 도움을 주신 이송희 시인님, 책이 빛날 수 있도록 기꺼이 예문 인용을 허락해주신 많은 시인분들. 머리 숙여 진심으로 감사의 말씀을 올린다.

2022년 2월 평택시 장당동에서 하린

21. 상상 테마19 _ 의미 있는 동사나 형용사를 바탕으로 상상하며 시조 쓰기　145
　─ 오종문 146/ 임성구 147/ 최정희 148

22. 상상 테마20 _ '00성'을 바탕으로 상상하며 시조 쓰기　151
　─ 김남미 152/ 장은수 153/ 김석이 154

23. 상상 테마21 _ 부품 또는 도구로 상상하며 시조 쓰기　157
　─ 이우걸 158/ 홍성란 159/ 김영숙 160

24. 상상 테마22 _ 비유적 상상력으로 시조 쓰기　163
　─ 송가영 165/ 정희경 167

25. 상상 테마23 _ 알레고리(allegory)적 상상력으로 시조 쓰기　169
　─ 김강호 170/ 김보람 171/ 표문순 173

26. 상상 테마24 _ 사물의 기분을 바탕으로 상상하며 시조 쓰기　175
　─ 이희정 176/ 황치복 177/ 손영희 178

27. 상상 테마25 _ 색깔 이미지로 상상하며 시조 쓰기　181
　─ 이송희 183/ 배경희 185/ 김보람 186

28. 상상 테마26 _ 1인분 또는 1인용을 바탕으로 상상하며 시조 쓰기　189
　─ 이송희 190/ 표문순 191

29. 상상 테마27 _ 미술용어를 바탕으로 상상하며 시조 쓰기　193
　─ 신준희 194/ 용창선 195/ 김월수 196

30. 상상 테마28 _ 과일 이미지로 상상하며 시조 쓰기　199
　─ 박연옥 200/ 인은주 201/ 서정화 202

31. 상상 테마29 _ 동물 이미지로 상상하며 시조 쓰기  205
― 장수남  206/ 이송희  207/ 박화남  208

32. 상상 테마30 _ 'A 안에 B가 산다' 문장 구조로 상상하며 시조 쓰기  211
― 서상희  213/ 구애영  214

33. 상상 테마31 _ '00의 세계'들로 상상하며 시조 쓰기  217
― 최정희  218/ 박민교  219/ 이송희  220

34. 상상 테마32 _ 골목, 터널, 구멍 이미지로 상상하며 시조 쓰기  223
― 염창권  225/ 표문순  226

35. 상상 테마33 _ 나무, 산, 숲 이미지로 상상하며 시조 쓰기  229
― 정수자  231/ 정용국  232/ 정혜숙  233

36. 상상 테마34 _ 계절적 요소를 바탕으로 상상하며 시조 쓰기  235
― 오종문  237/ 최양숙  238/ 박현덕  239

37 상상 테마35 _ 꽃 이미지를 바탕으로 상상하며 시조 쓰기  241
― 박복영  242/ 김태경  243/ 임유행  244

38. 상상 테마36 _ 직전이나 직후 상황을 바탕으로 상상하며 시조 쓰기  247
― 정성호  249/ 박민교  250

39. 상상 테마37_ 바다 이미지로 상상하며 시조 쓰기  253
― 조춘희  255/ 김월수  257

40. 상상 테마38 _ 역설적 상상력으로 시조 쓰기  259
― 염창권  261/ 이송희  262/ 변현상  263/ 한희정  264

41. 상상 테마39 _ 'A 안에 살던 C가 빠져나갔다' 문장 구조로 상상하며 시조 쓰기  267
— 김태경 268/ 류미야 269/ 오서윤 270

42. 상상 테마40 _ 생체성(몸성)을 바탕으로 상상하며 시조 쓰기  273
— 박성민 276/ 김계정 277/ 조성국 278

43. 상상 테마41 _ 새 이미지를 바탕으로 상상하며 시조 쓰기  281
— 김윤 282/ 박해성 283/ 김춘기 284

44. 상상 테마42 _ 'A도 B할(될) 수 있다' 문장 구조로 상상하며 시조 쓰기  287
— 김덕남 288/ 임성규 289/ 김양희 290

45. 상상 테마43 _ 우주적 이미지로 상상하며 시조 쓰기  293
— 오종문 295/ 임채성 296/ 손예화 297

46. 상상 테마44 _ 미완성 상태의 것들을 바탕으로 상상하며 시조 쓰기  299
— 김상규 301/ 이소영 302

47. 상상 테마45 _ 물 이미지로 상상하며 시조 쓰기  305
— 박기섭 307/ 박연옥 308

48. 상상 테마46 _ 인유의 방법을 활용해 상상하며 시조 쓰기  311
— 권영오 313/ 윤금초 314/ 박성민 315

49. 상상 테마47 _ 종교적 요소를 활용해 상상하며 시조 쓰기  317
— 이양순 318/ 배우식 319/ 박현덕 320/ 장수남 321

50. 상상 테마48 _ 재발견 기법으로 상상하며 시조 쓰기  323
— 최영효 324/ 이송희 325

51. 상상 테마49 _ 목적이나 이유를 바탕으로 상상하며 시조 쓰기　327
— 박성민　328

52. 상상 테마50 _ 가정법(假定法)을 바탕으로 상상하며 시조 쓰기　331
— 백윤석　333

# 1. 이것만 알면 당신도 현대 시조를 쓸 수 있다.

## 1) 기본적으로 알고 있어야 할 시조의 종류

'시조(時調)'라는 말은 시절가조(時節歌調)에서 왔다. 시절가라고도 부르는 이 말은 시절을 읊은 노래란 뜻이다. 즉, 시조는 낡은 생각을 담는 장르가 아니라 이 시대 삶과 정서, 사람들의 가치관 등을 적극적으로 반영하는 운문이다.

시조를 시대와 동떨어지게 여겨 풍류를 담는 그릇으로 오해해서는 안 된다. 자유시에서 표현할 수 있는 것은 전부 다 담아낼 수 있으니 시조를 고리타분한 고전 장르로 여기지 말고 이 책에서 제시하는 현대 시조를 쓰는 방법과 상상을 접목시켜 시조의 매력에 흠뻑 빠지길 바란다.

시조의 역사와 그에 따른 장르적 특성을 이 책에서는 언급하지 않겠다. 그것을 잘 안다고 해서 현대 시조를 잘 쓰는 것이 아니기 때문이다. 하지만 시조의 갈래와 용어, 기본 형식을 알고 있으면 작품을 창작하고 합평하는 데 무리가 없다. 이 부분에 대하여 1장에서 자세히 설명하겠다.

시조의 형식상 갈래는 길이에 따라 평시조, 엇시조, 사설시조로 나뉘고 연의 개수에 따라 단시조 연시조로 나뉜다.

평시조(平時調)(단형시조)란 초장 · 중장 · 종장 3장을 갖춘 운문이 6구 12음보로 나뉘는 45자 내외인 단시조를 말한다. 이것은 시조의 기본 형태로서 가장 먼저 정립되었을 뿐 아니라 지금까지도 제일 많이 창작되고 있는 형태이다.

시마(詩魔)

하린

오욕을 참으며 생각을 짓이기며
각자의 토굴을 찾아가는 짐승처럼
내 시는 오늘 밤 불온하다 분노를 삼킨 탓이다

오욕을(1음보)/ 참으며(2음보)(1구)/ ‖ 생각을(3음보)/ 짓이기며(4음보)(2구) ㅡ 초장
각자의(5음보)/ 토굴을(6음보)(3구)/ ‖ 찾아가는(7음보)/ 짐승처럼(8음보)(4구) ㅡ 중장
내 시는(9음보)/ 오늘 밤 불온하다(10음보)(5구)/ ‖ 분노를(11음보)/ 삼킨 탓이다(12음보)(6구) ㅡ 종장
(총 글자 수 45자)

장(章)은 초장(初章)·중장(中章)·종장(終章)이 있고, 이 세 장이 모여 1수를 구성한다. 장은 자유시의 행 개념과는 다르다. 4음보가 모여야만 하나의 장으로 인정받는다.
 '/'으로 나뉜 부분이 음보의 단위이다. 음보는 음의 걸음을 뜻한다. 읽을 때 휴지 없이 한꺼번에 읽히는 단위인데 시조에서 리듬감을 주는 중요한 요소로써 시조 1수가 12개의 음보를 갖는다. '‖'로 나뉜 것이 구(句)이다. 두 개 이상의 음보가 모여 하나의 구가 되는데 시조 1수는 6개의 구로 이루어져 있다.
 따라서 평시조는 '1수 = 3장(초장·중장·종장) = 6구 = 12음보 = 45자 내외'의 형태를 띤다.

엇시조(중형시조)란 평시조의 정격형이 아닌 변격형에 속한다. 초장·중장·종장의 어느 한 장이 규칙 이상으로 길어진 형태인데, 그 장이 평시조보다 1음보 정도 길어진 형태의 시조를 말한다. 보통은 초장 제1구 또는 제2구에서 길어지는

일이 많고 그 자수가 10자 이상으로 늘어나게 된다. 만일 늘어난 부분이 종장일 경우 제1구는 변하지 않고 제2구가 9자 이상으로 벗어난다.

### 연명(延命)

하린

두꺼운 획 그으며 나를 닮은 까마귀 날아간다
북향인지 남향인지 궁금하지 않을 때 있다
길고 긴 숨 고르기만 죽음 앞을 서성인다

「연명」은 초장이 엇시조의 형태를 띤다. 초장인 "두꺼운/ 획 그으며/ 나를 닮은/ 까마귀/ 날아간다"에서 한 음보가 늘어나 있다. 이것처럼 하나의 장에서 한 음보 또는 두 음보 정도가 늘어난 형태의 시조가 엇시조이다.

사설시조(辭說時調)는 장형시조라고도 불린다. 초장과 중장이 제한 없이 길어진 형태로 종장의 첫 구만 3글자로 정해졌을 뿐 나머지는 산문시와 비슷한 형식을 갖는다. (단, 사설 부분은 4음보격이 연속적으로 확장하는 것이 보편적이다. 이 특징이 바로 사설시조와 산문시의 구분 점이 되기도 한다. 그러나 4음보격의 연속은 보편적인 규칙일 뿐이다.)

### 해남에서 온 편지

이지엽

아홉배비 길 질컥질컥해서
오늘도 삭신 꾹꾹 쑤신다

아가 서울 가는 인편에 쌀 쪼간 부친다 비민하것냐만 그래도 잘 챙겨묵거라 아이엠 에픈가 뭔가가 징허긴 징헌갑다 느그 오래비도 존화로만 기별 딸랑하고 지난 설에도 안와브럿다 애비가 알믄 배락을 칠 것인디 그 냥반 까무잡잡하던 낯짝도 인자는 가뭇가뭇하다 나도 얼릉 따라 나서야 것는디 모진 것이 목숨이라 이도저도 못하고 그러냐 안.

쑥 한 바구리 캐와 따듬다 말고 쏘주 한 잔 혔다 지랄 놈의 농사는 지면 뭣 하냐 그래도 자석들한테 팥이랑 돈부, 깨, 콩 고추 보내는 재미였는디 너할코 종신서원이라니… 그것은 하느님하고 갤혼하는 것이라는디… 더 살기 팍팍해서 어쩨야 쓸란가 모르것다 너는 이 에미더러 보고 자퍼도 꾹 전디라고 했는디 달구 똥마냥 니 생각 끈하다

복사꽃 저리 환하게 핀 것이
혼자 볼랑께 영 아깝다야

\* 내가 있는 학교의 제자 중에 수녀가 한 사람 있었다. 몇 해 전 남도 답사길에 학생 몇이랑 그 수녀의 고향집을 들르게 되었는데 다 제끔 나고 노모 한 분만 집을 지키고 있었다. 생전에 남편이 꽃과 나무를 좋아해 집안은 물론 텃밭까지 꽃들이 혼자 보기에는 민망할 정도로 흐드러져 있었다.

―『해남에서 온 편지』, 태학사, 2000.

「해남에서 온 편지」는 중장이 산문시처럼 늘어난 형태의 사설시조다. 엇시조가 한 장에서 1음보 내지 2음보 정도 늘어난 형태라면 사설시조는 무한정 늘어나는 자율성을 갖는다. 그런 차이로 인해 사설시조는 산문시와 별 차이가 없다는 비판을 받는다. 그런데 그 비판이 오히려 사설시조의 장점이 되는 경우가 있다. 초장과 종장을 지켜 시조의 기본 요건을 갖추고 거기에 중장의 사설을 통해 자유로움을 얻어, 시조를 쓰는 사람이 정황을 확장해 가거나 서사성을 길게 가미해 미학

적 효과를 줄 수 있기 때문이다.

 평시조 엇시조 사설시조 중에서 현대 시조로 제일 많이 쓰이고 있는 형태의 시조는 평시조이고, 그다음으로 많이 쓰이는 형태는 사설시조이다. 엇시조는 쓰는 사람이 거의 없다. 그러니 평시조와 사설시조를 능수능란하게 쓰는 경지에 올라야 한다. 참고로 신춘문예 당선작의 경우엔 2022년 현재까지 95% 이상이 평시조이다. 그러니 자신이 신춘문예를 준비한다면 평시조를 쓰는 연습을 많이 해야 한다.

### 이사

하린

처음 보는 어둠과 통성명을 한 저녁
방의 율법에 따라 고분고분 눕는다
가만히 변방이 변방을 감싼 채 울고 있다

 단시조(短時調)는 위의 예문 「이사」처럼 평시조가 하나만 있는 형태를 말한다. 시조가 하고 싶은 말을 최대한 줄여서 하는 '압축파일'과 같을 때, 단시조는 그 '압축파일' 중에서도 가장 작은 용량의 '파일'이다. 어떤 시조 시인은 단시조만 선호한다. 단시조 안에 자신이 표현하고자 하는 정서적 국면이나 존재론적 국면을 충분히 다 담을 수 있다고 생각하기 때문이다. 이것은 상당히 어려운 작업이다. 정말로 작고 작은 그릇에 나만의 메시지를 제대로 담는 일은 쉬운 일이 아니기 때문이다.
 그와 같은 어려움이 따르다 보니 필자는 성공한 단시조를 많이 보지 못했다. 일부만 성공하고 나머지는 1차원적인 느낌만 전달해주는 경우가 많았다. 정말 잘 쓸 자신이 있을 때 단시조를 쓰거나 시조를 처음 쓰기 시작하는 습작생들이 순간적인 것을 묘사하는 연습을 할 때 도전해보면 좋다.

## 세한(歲寒)

하린

여름 내내 견딘 눈물 벼루에 쏟아붓는다
유배지에 바람 불고 목숨 같은 별이 뜨면
꼿꼿한 자존(自尊)의 솔잎들, 갈필로 돋아난다

곡진하게 먹을 갈아 그리움을 압지한다
사립문에 걸어둔, 달을 보고 짖는 개
누추한 생의 얼룩인가 바다가 뒤척인다

독작(獨酌)의 날들마다 세상 소식 들려오면
그림의 피가 돌게* 붉은 심장 낙관한다
별 하나 일필휘지로 여백 속에 떨어진다

*발자크의 '미지의 걸작'에서 인용

연시조(聯時調)는 평시조가 두 개 이상의 연(수)을 가지고 있는 경우를 말한다.(사설시조도 두 개 이상으로 쓸 수 있다. 그러나 현대 시조에서 그것을 쓰는 경우는 거의 보지 못했다.) 위의 예문「세한(歲寒)」은 3장 6구 45자 내외의 형식을 띤 평시조가 3수 연달아 이어져 있는 형태이다. 추사 김정희의 심리 상태를 상상하며 쓴 시조인데, 한여름 폭염 속에서 '세한도'를 그릴 때의 마음을 추론한 후 감각적인 언술로 형상화시킨 작품이다. 한 수 안에 추사의 심정을 다 담을 수 없다는 판단에 의해 3수로 창작해보았다.

시조를 처음 배우는 분들은 현대 시조가 주로 세 가지의 형태로 쓰이고 있음을 인식할 필요가 있다.

    1. 평시조이면서 단시조
    2. 평시조이면서 연시조
    3. 사설시조

  이 중 가장 많이 신춘문예에서 당선되는 형태는 '2. 평시조이면서 연시조'이다. 주로 3수나 4수의 연시조가 당선되는 편인데, 처음부터 3~4수로 쓰는 연습을 하면 나중에 신춘문예에 응모할 수 있는 작품이 많이 쌓이게 된다.

## 2) 이것만 실천하면 당신도 시조 시인

시조를 교과서에서만 접한 사람들은 주술처럼 이런 글자 수의 법칙을 외우게 된다. '3/4/3/4  3/4/3/4  3/5/4/3' 그로 인해 시조가 음수율이라는 착각에 빠진다. 단적으로 말해 시조는 글자 수를 맞추는 장르가 아니다. 시조는 4음보를 맞추고 종장의 첫 번째와 두 번째 어절을 맞춰주는 음보율에 관한 장르이다. 그래서 4음보(音步)의 개념과 종장의 법칙만 알면 누구나 시조를 창작할 수 있다.

### 로드킬

하린

빈 수레가 노인을 끌고 집으로 돌아올 때
하늘엔 검버섯이 조금 더 짙어간다
수척한 그림자의 귀가 떠날 날을 예감한다

허공이 새들에게 빈 몸을 허락하듯
어둠은 사람에게 저녁을 안겨준다
술 취한 콧노래 한 소절 갈지자로 휘청인다

전속력으로 질주하던 검은색 승용차는
끝끝내 노인을 발견하지 못했다
한순간 캄캄한 밤이 울컥하고 쏟아진다

무표정한 국도 끝엔 방점 하나 찍히고
까치밥 된 홍시 하나 유언처럼 떨어진다
폐경기 접어든 우물에 붉은 달이 떠올랐다

위의 제시한 「로드킬」의 1수 초장을 살펴보자. "빈 수레가/ 노인을/ 끌고 집으로/ 돌아올 때"의 '/' 부분이 음보를 나눈 기준이다. 음보는 시가의 운율을 이루는 기본 단위이다. 읽을 때 휴지 앞에서 끊어 읽는 단위인데, 한국의 시가에서는 3음절이나 4음절이 보통 한 음보를 이룬다. 하지만 시조에서 음보를 이루는 음절(쉽게 설명하면 글자 수이지만 글자 수와 음절 수는 100% 일치하지 않는다.)은 5글자 이상이 될 수도 있다. '빈 수레가'(4음절) '노인을'(3음절) '끌고 집으로'(5음절) '돌아올 때'/(4음절)에서 '끌고 집으로'가 5음절의 형태를 띤 경우다. 따라서 오해로 알고 있는 기본 글자 법칙인 '3/4/3/4'하고는 전혀 맞지 않는 '4/3/5/4'가 형성된 것이다. 이것은 시조가 음보 단위이기 때문에 가능한 일이다. 현대 시조에서 읽을 때 음보 단위로만 끊어지면 '2~5'글자까지는 무조건 허용된다.

이런 질문이 형성될 수 있다. "6글자 이상으로 쓰면 안 되나요?" 5글자가 넘으면 대부분 1음보에서 벗어나 2음보가 되는 경우가 많기 때문에 최대한 그 글자 수를 맞추는 것이 좋다. 물론 예외도 있다. '개밥바라기는'이라고 어쩔 수 없이 6글자를 쓴 경우에도 1음보로 인정한다. '개밥바라기' 자체가 5글자로 된 명사이기 때문에 절대 줄일 수 없는 글자는 허용된다. 그러니 1음보를 최대한 '2~5'글자로 맞추되 어쩔 수 없는 경우엔 6글자를 써도 된다.

중장의 경우도 위에서 제시한 형태대로 4음보(각 음보 2~5글자로)만 맞춰주면 해결된다. 그런데 종장의 경우엔 음보와 글자 수를 맞추는 게 쉽지만은 않다. 종장엔 불변의 법칙이 있다. 종장의 첫 어절은 반드시 3음절(3글자)로 맞추어야 한다. 위의 시조에서는 '수척한' '술 취한' '한순간' '폐경기'가 바로 거기에 해당하는 글자들이다. 시조에선 이 3글자를 안 지키면 무조건 시조로 보지 않는다. 그러니 종장의 첫 어절은 반드시 맞추어야 한다.

종장의 두 번째 음보가 제일 힘든 부분이다. 위의 시조에서 '그림자의 귀가' '콧노래 한 소절' '캄캄한 밤이' '접어든 우물에' 부분이 바로 종장의 두 번째 음보인데, 대부분 한 어절 또는 두 어절이 합쳐져서 한 음보를 이룬다. '미끄럼틀처럼'이라고 쓰면 한 어절이 한 음보가 되지만 '저녁 놀이터에'라고 쓰면 두 어절이 한 음보를 이루게 된다. 따라서 종장의 두 번째 음보는 2어절 이상이 합쳐져서 이루어질 수 있다는 것을 염두에 둘 필요가 있다. 그럴 경우 두 번째 음보의 글자 수는 5~7글자로 맞춰 줘야 한다. 신춘문예 당선 글자 수가 대부분 5~7글자인데, 경우에 따라서 8글자가 되기도 한다. '소리도 없이 사랑이'라고 쓴 경우 한 덩어리 음보처럼 읽히면 그것도 허용된다. 물론 등단을 위한 글자 수로는 추천해 주지 않겠다. 대부분 당선작의 글자 수가 5~7글자이기 때문이다.

또 하나 주의할 점은 종장의 첫 음보와 두 번째 음보가 '3/ 5~7'의 글자 수로 이루어질 때 3글자가 분명하게 끊어지면서 읽혀야 한다는 점이다. 예를 들어 '마침내/ 사랑은 지금'은 분명하게 '마침내'가 한 음보로 끊어져서 읽히지만 '우리의 사랑이/ 울 때'는 '우리의'가 개별적으로 끊어지지 않고 뒤쪽의 '사랑이'를 끌어당겨서 읽히게 된다. 물론 의도적으로 '우리의/ 사랑이 울 때'하고 읽을 수 있다. 이런 경우처럼 앞으로도 붙여 읽을 수 있고 뒤로도 붙여 읽을 수 있는 이중적인 잣대가 형성되면 안 된다. 그러면 종장의 첫 어절 3글자 법칙이 무너지게 된다. 즉 종장의 첫 어절 3글자가 독립적으로 한 음보로 읽히게 만드는 것이 중요하다. 뒤의 글자를 끌어당기지 않도록 분명하게 한 음보를 이루는 세 글자를 선택해야 한다.

마지막으로 종장의 세 번째 네 번째 음보는 초장·중장의 경우처럼 2~5글자로만 맞춰주면 된다.

이러한 법칙을 기준으로 현대 시조의 음보를 맞추는 글자 수를 정리하면 다음과 같다.(등단 기준으로)

초장 – 2~5글자/ 2~5글자/ 2~5글자/ 2~5글자
중장 – 2~5글자/ 2~5글자/ 2~5글자/ 2~5글자
종장 – 3글자(반드시)/ 5~7글자/ 2~5글자/ 2~5글자

*주의할 점: 종장의 첫 번째 음보가 반드시 3글자로 끊어져서 읽혀야 한다. 뒤에 글자가 앞으로 달라붙어서 읽히면 안 된다.

지금까지 현대 시조에서 글자 수 맞추는 방법에 대해 알아보았다. 글자 수가 이렇게 자유로운 범위를 갖고 있으니 이제 현대 시조에 대한 두려움이나 낯섦, 불편함을 버리고 창작에 적극적으로 임해도 된다.

이제 더 큰 자유로움을 주겠다. 평시조의 초장·중장·종장을 단순히 장 구분이 아닌 행이나 음보 기준으로 나눠서 다양한 형태로 시조를 써도 된다.

①
**돌멩이**

하린

가만히 귀를 대보면 거친 숨소리 들린다
알몸이 쓸쓸하고 고독하고 적막해도
심장은 멈추지 않는다 선언은 끝이 없다

②
가만히 귀를 대보면 거친 숨소리 들린다
알몸이 쓸쓸하고 고독하고 적막해도
심장은 멈추지 않는다
선언은 끝이 없다

③
가만히 귀를 대보면
거친 숨소리 들린다

알몸이 쓸쓸하고
고독하고 적막해도
심장은 멈추지 않는다
선언은 끝이 없다

④
가만히 귀를 대보면
거친 숨소리 들린다

알몸이 쓸쓸하고
고독하고 적막해도

심장은 멈추지 않는다
선언은 끝이 없다

⑤
가만히 귀를 대보면 거친 숨소리 들린다

알몸이 쓸쓸하고 고독하고 적막해도

심장은 멈추지 않는다 선언은 끝이 없다

⑥
가만히 귀를 대보면 거친 숨소리 들린다

알몸이 쓸쓸하고
고독하고 적막해도

심장은
멈추지 않는다
선언은 끝이 없다

⑦
가만히
귀를 대보면
거친 숨소리 들린다

알몸이 쓸쓸하고 고독하고 적막해도

심장은
멈추지 않는다
선언은 끝이 없다

⑧
가만히 귀를 대보면 거친 숨소리 들린다 알몸이 쓸쓸하고 고독하고 적막해도 심장은 멈추지 않는다 선언은 끝이 없다

  위에서 제시한 행 구분은 초장·중장·종장의 음보율을 지키면서 다양하게 행갈이를 한 것들이다. 이 중에서 신춘문예의 응모작의 경우엔 파격적인 행갈이를 허용하지 않는 풍토가 있으니 ①의 기본 형태와 변화 주기를 한 ②, ③의 형태로 쓰면 좋다.(연시조의 경우도 마찬가지) ④, ⑤, ⑥, ⑦, ⑧의 경우는 등단 후 활용하길 바란다.(다만 ④나 ⑤의 경우 단시조로 응모할 때 활용되기도 한다) 등단 이후 평시조의 음보율을 지키면서 자유자재로 행갈이를 하게 되면 더 다양한 리듬감이나 강조점을 가지면서 개성적인 시조를 쓸 수 있게 된다.
  이렇게 초장·중장·종장의 4음보와 평시조의 율격만 지킨다면 현대 시조는

다양한 형태의 행갈이를 가진 장르가 된다. 예컨대 '평시조+사설시조+평시조'로도 누군가 쓰게 되면 그것도 새로운 시조의 영역이다. 그리고 위의 예시를 바탕으로 연시조의 경우 ①과 ③번을 섞을 수 있고, ②와 ⑥을 섞을 수도 있다. 그렇게 되면 훨씬 더 현대 시조를 자유롭게 창작할 수 있게 된다.

## 2. 상상 테마를 적용할 때 기억해야 할 시조 쓰기 3단계

어떤 사람들은 '시 쓰기를 어떻게 가르치냐?' '시 쓰기는 기술이 아니다. 어떻게 훈련 시킬 수 있냐?'라고 의문을 제기하면서 문예창작학과 폐지론까지 펼치기도 한다. 필자는 그런 사람들에게 묻고 싶다. "예술에 대한 기본 감각을 기를 때까지 미술 분야나 음악 분야는 끊임없이 연습과 훈련을 하는데, 왜 유독 시나 시조는 시적 영감이나 나르시시즘에 빠져 창작만 열심히 하면 저절로 경지에 오를 수 있다고 여기는 것인가?" 단적으로 말해 시와 시조도 감각이다. 관찰 감각, 사유 감각, 표현 감각이다. 관찰도 사유도 표현도 감각적으로 했을 때 감동과 신선한 정서적 파장을 일으킬 수 있다.

그러니 나만의 차별화된 시적 사유와 시적 감각이 생길 때까지 다양한 시조 쓰기 방법에 대해 스스로 연구하고 따라 하고 개별화하여 자신만의 시적 세계에 도달해야 한다.

제1장에서 말하는 시조 쓰기 전체 과정은 필자가 오랜 창작 활동과 훈련을 통해 정착시킨 관찰 감각, 사유 감각, 표현 감각에 관한 것이다. 이 방법은 수도 없는 시조 쓰기 방법 중 예시에 해당하는 하나일 뿐이다. 독자들은 이 방법을 변용할 수도 있고 이 방법을 바탕으로 전혀 다른 방법을 착안할 수도 있다. 그러니 취사선택하려는 자세로 1장을 꼼꼼하게 읽어주길 바란다.

### 1. 단계 스스로 점검하기 _ 메시지 분명히 하기 + 내 시조만의 장점 찾기

제일 좋은 시조는 감동과 여운을 오랫동안 주는 작품이다. 그런데 그것이 쉽지만은 않다. 그런 좋은 시조를 창작하고자 할 때 실패하는 이유 중에 한 가지는 바로 쓰고자 하는 '나만의 지점(메시지)'을 분명히 하지 않고 쓰기 때문이다. 그저 소재주의에 빠져 자꾸 새로운 소재만 찾거나 단순한 영감에 의해 창작하게 되면 그러한 결과를 얻게 된다. 기막힌 소재나 모티브, 시적 영감을 찾는 것보다 더 중요한 것은 내가 쓰려고 하는 것이 나만의 지점을 갖고 있는 지를 판단하는 것이다.

시조는 크게 두 축에 의해 창작된다. 나만의 간절한 지점이 하나의 축이고 간절한 지점을 대신 표현할 객관적 상관물(현상)이 또 하나의 축이다. 두 개의 축이 분명하게 세워졌을 때 창작을 시작해야 한다. 하나의 축만 설정한 다음에 시조를 쓰게 되면 막연한 시조가 되거나 누군가 쓴 것 같은 시조가 되기 십상이다.

'나만의 간절한 지점'은 지독히 사적이고 예민한 상태의 정서적 문양, 존재론적 문양, 관계론적 문양을 말한다.(실제로 감동을 주는 현대 시조는 이 세 가지를 주로 쓴다.) 여기서 "지독히 사적이고 예민한 상태"라는 것은 구체적이고 간절한 경험 맥락을 가진 화자나 시적 대상이 어떤 구체적인 정황(상황) 속에서 드러내는 개별적 심리 상태이다.

예를 들어 미혼모 화자를 등장시켜서 유산하는 상황으로 시조를 쓴다고 했을 때 화자의 상태를 구체적인 간절함 속에 놓이게 해야 한다. 막연히 안타까운 감정을 가지고 단순히 산부인과 상황만 인식하고 쓰면 안 된다. 적어도 다음과 같이 구체적인 경험 맥락과 상황을 인식해야 한다. '미혼모의 나이는 17살, 원하지 않은 상태에서 임신을 했다. 시간적 배경은 모든 생명이 신생을 향해 움직이는 봄인데, 학업을 위해 유산(죽음을 선택)을 할 수밖에 없다' 최소한 이 정도로 경험 맥락을 설정해야 한다. 그리고 유산의 상황도 수술 전 침대에 누워 있는 심리 상황으로 할 것인지, 수술을 마치고 산부인과 복도를 걸어가는데 반대편에서 아이를 안고 오는 산모를 봤을 때의 심리 상황으로 할 것인지, 수술을 끝내고 밤에 몰래 후문으로 빠져나가는 심리 상황으로 할 것인지를 분명하게 설정해야 한다.

반드시 구체적인 경험 맥락과 구체적인 상황을 설정했을 때에만 내가 쓰려고 하는 구체적인 나만의 지점이 탄생하는 것이다.

## 트럭

트럭, 하고 토하면 거대한 밤이 질주해 온다

살다 보면 폭력적인 기계를 몰고 고속도로를 점령하고 싶은 밤은, 꼭 온다 너는 비행소년에서 비행청년으로 자라고 길들여지지 않는 야성을 엔진으로 장착한다 방향지시등이 고장 난 삶에서 넌 애인에게 예민한 급소를 들킨다 걷기 내내 굶주린 사자처럼 넌 너무 오래된 이빨을 숨겼다 천천히 혈관을 따라 불법 제조한 분노가 주입되면 아무도 알아주지 않는 혁명이 끓어오른다 식상한 표정으로 어머니가 시야를 흐린다 얘야, 넌 너무 착하단다 이제 그만 일하러 가야지 어머니가 걸어갈 때마다 등 뒤에선 사리(事理)가 뚝뚝 떨어진다, B급 기름 같은 아버지와 길들여지지 않는 애인과 마이너스 통장을 보고도 그런 악몽을 견디다니 어머니는 트럭보다 무서운 기계다 아, 씹어 먹고 싶은, 으깨고 싶은 밤은, 꼭 온다 트럭, 하고 입을 벌리면 신호등이 녹색 불로 바뀌고 불만을 가득 채운 가스통을 싣고 트럭들이 몰려온다

어제도 백 년 전에도 넌 방치된 유전자다
—『서민생존헌장』, 천년의시작, 2015.(시를 사설시조로 개작)

필자의「트럭」의 경우 '나만의 지점'은 빈부격차가 해소되지 않는 자본주의 사회에서 가난한 자가 겪게 되는 극단적인 이탈 심리이다. "백 년 전"이나 지금이나 "방치된 유전자"로 살아가는 화자에겐 아무리 발버둥을 쳐도, '사리(事理)'에 맞게 행동해도 가난이 악몽처럼 달라붙는다. 그 악몽의 반복 속에서 화자는 분노와 이탈 심리를 가질 수밖에 없다. 그래서 필자는 나만의 집중할 하나의 시적 지점으로 그런 심리 상태를 설정하고 시조를 썼던 것이다.

나만의 간절한 시적 지점을 찾고 나서 쓰기 전에 생각해야 할 것이 두 가지가 있다. 하나는 이번 시조에 적용할 '내 시조만의 장점'이고 또 하나는 객관적 상관물(상관 현상) 찾기다. '내 시조만의 장점'에 대해 먼저 설명하겠다.

시조를 어느 정도 배워서 쓰다 보면 진지하게 잘 쓴 시조가 탄생하게 된다. 그러한 경지에 오르기까지 힘든 과정도 겪었을 텐데 막상 진지하게 잘 썼는데도 사람들이 '당신 시조는 신선하지가 않아.' 또는 '당신 시조는 개성이 없어.'라고 한다면 그동안의 노력이 허무해지게 된다. 그렇게 진지하게 잘 쓴 시조로는 독자나 심사위원의 마음을 사로잡을 수 없다. 예심을 통과하더라도 본심에서 선택받으려면 '내 시조만의 장점'을 적어도 하나는 내포하고 있어야 한다.

필자는 나만의 시조에 적용할 시조의 장점을 여덟 가지로 설정했다.(참고: 예시 작품들은 전부 시다. 온라인 상에서 검색이 쉽게 되는 작품들로 수월하게 읽어볼 수 있는 기회를 제공하기 위해서다.)

첫째, 새로운 발상(상상, 역발상 포함)이다. 어떤 당선작들을 보면 '참 발상이 좋네!'하고 감탄사가 절로 나온다. 그러니 새로운 발상이나 상상, 역발상을 통해 나만의 시조에 도달하는 연습을 해야 한다. (예시 작품 찾아보기: 마경덕 시인의 「놀란 흙」, 한혜영 시인의 「퓨즈가 나간 숲」, 박성우 시인의 「넥타이」 등)

둘째, 지독하게 섬세함을 동반한 표현과 사유를 보여주는 것이다. 놀랄 만큼 섬세함이 자리한 시조를 읽게 되어도 감탄사가 절로 나온다. '이렇게까지 섬세하게 관찰을 하다니', '놀랄 만큼 섬세하게 시적 사유를 보여주고 있다니'하는 평이 나온다면 그 시조는 성공한 시조다. (예시 작품 찾아보기: 문보영 시인의 「막판이 된다는 것」, 김기택 시인의 「멸치」「껌」 등)

셋째, 탁월한 비유이다. 시조는 근본적으로 비유의 속성을 갖는다. 시인이 시조 속에 표현하려고 하는 나만의 지점(원관념)을 향해서 갈 때 직접적으로 말해주는 방식이 아니라 객관적 상관물이나 객관적 상관 현상(보조관념)을 끌어와 빗대어 표현하는 방식이 비유다. 그럴 때 비유가 정말 탁월하구나 하는 생각이 들 정도로 기가 막힌 비유를 활용할 줄 안다면 그것 또한 대단한 장점이다. (예시 작품 찾아보기: 문태준 시인의 「가재미」, 신철규 시인의 「샌드위치맨」, 이원 시인의 「우리는 지구에서 고독하다」, 길상호 시인의 「식은 사과의 말」 등)

넷째, 탁월한 상징이다. 구체성 안에 암시성을 담는 방법 중 하나는 상징을 활용하는 것이다. 상징은 추상적인 사실이나 생각, 느낌 따위를 대표성을 띤 기호나 구체적인 사물로 나타내는 일을 말한다. 상징 자체가 '구체적인 사물'이나 감각화된 표상을 활용하는 방식이기 때문에 구체성 획득에 무난하고, 암시성도 자연스럽게 담기는 힘이 있다. 이런 상징을 탁월하게 활용해서 시조를 창작하면 이것도 나만의 장점에 해당한다. (예시 작품 찾아보기: 김지녀 시인의 「선」, 박소란 시인의 「검정」 등)

다섯째, 신선한 시적 직관이나 예기치 못한 시적 반전이다. 어떤 좋은 시조의 경우엔 '정말 시인의 시적 직관이 탁월하구나'하는 생각이 들 때가 많다. 시조에 나타난 정황과 화자나 대상이 가진 존재론적인 의미를 꿰뚫어 보듯이 표현한 직관을 읽을 때 우리는 시조의 깊이와 신선함을 느끼게 된다. (예시 작품 찾아보기: 김충규 시인의 「바닥의 힘」 등)

여섯째, 읽는 사람의 마음을 시원하게 해주는 솔직 담백한 시적 진술을 잘 구사하는 것이다. 이런 시조들은 젊은 시인들의 작품에서 주로 확인된다. 시인과 화자가 잘 분리된 상태에서 오로지 화자 입장에서만 할 수 있는 이야기를 솔직 담백하게 해서 공감과 실감을 불러일으키는 방식이다. (예시 작품 찾아보기: 김이듬 시인의 시들, 김민정 시인의 시들, 강성은 시인의 시들 등)

일곱째, 재미있는 풍자이다. 특히 현실을 냉철히 바라보고 비판적 안목을 갖고 시조를 쓸 때 적용해야 할 장점이다. 무작정 재미없게 직설적으로 비판하지 말고 풍자 미학을 활용해 탁월하게 비판을 하면 시조를 읽는 재미와 통쾌한 비판이라는 두 마리 토끼를 잡을 수 있다. 누구나 비판은 잘한다. 비판은 쉽고 간편하다. 그런 비판도 풍자 미학을 활용해서 형상화시킬 때 미학적인 평가를 받을 수 있다. (예시 작품 찾아보기: 복효근 시인의 「난해시 사랑」, 필자의 「서민생존헌장」 등)

여덟째, 지금까지 남들이 안 쓴 소재나 모티브로 시조는 쓰는 것이다. 지금까지 누군가 안 쓴 소재나 모티브를 발견할 때 쾌감은 매우 크다. 독창적인 시적 포즈를 취할 수 있다. 쓰는 사람도 읽는 사람도 감탄하게 만드는 나만의 소재나 모티브를 찾아서 쓰게 되면 그것 또한 커다란 장점 중의 하나가 된다. (예시 작품 찾아보기: 박은영 시인의 「발코니의 시간」, 정한용 시인의 「후일담」, 고영민 시인의 「통증」, 이영주 시인의 「녹은 이후」 등)

이 여덟 가지 중에서 단 한 가지만 있어도 그 시조는 독자성을 인정받는다. 앞으로 창작을 하기 전에 '내 시조만의 장점'을 꼭 한 가지씩 설정하고 시조를 써보자.

필자의 「트럭」에서의 장점은 바로 시인만의 시적 직관이다. "방향지시등이 고장 난 삶에서 넌 애인에게 예민한 급소를 들킨다" "천천히 혈관을 따라 불법 제조한 분노가 주입되면 아무도 알아주지 않는 혁명이 끓어오른다" "어머니가 걸어갈 때마다 등 뒤에선 사리(事理)가 뚝뚝 떨어진다, B급 기름 같은 아버지와 길들여지지 않는 애인과 마이너스 통장을 보고도 그런 악몽을 견디다니 어머니는 트럭보다 무서운 기계다" "어제도 백 년 전에도 넌 방치된 유전자다"와 같은 표현이 바로 그런 장점에 해당하는 부분이다.

## 2. 단계 _ 객관적 상관물(현상)을 찾기 + 관찰과 조사 정밀하게 하기

　시조의 가장 중요한 요소 중 한 가지가 이미지이다. 이미지가 있어야 독자들의 마음속에 그림이 그려지고 실감과 공감을 쉽게 얻는다. 이미지는 단적으로 사물이나 현상이다. 그래서 사물과 현상을 소재나 모티브 또는 객관적 상관물(현상)로 끌어와야 한다. 그 사물과 모티브가 대부분 비유의 보조관념으로써(정서 상태를 대변해 주는 대상) 역할을 하게 된다. 그러니 어떻게 하면 나만의 보조관념으로 사물과 현상을 활용할지에 대해 고민해야 한다. 1단계에서 나만의 간절한 시적 지점을 잡았다면 그 간절한 시적 지점을 대변할 사물과 현상을 찾는 것이 2단계의 과정이다. 이 과정을 수행할 때 작고 단순한데 시적 의미를 담을 수 있는 사물, 현상, 속성을 찾아야 한다. 크고 총체적이고 복잡한 것은 누구나 인식할 수 있는 소재나 모티브이기 때문에 나만의 객관적 상관물(현상)이 되지 못한다. 작고 단순한데 시적 의미를 담을 수 있는 것을 끊임없이 찾아서 그 객관적 상관물(현상) 위주로 시조를 써야 한다.

　위의 예문에 나온 필자의 「트럭」의 경우, 단순한 객관적 상관물은 트럭이다. '가난한 자가 겪게 되는 극단적인 이탈 심리'가 나만의 간절한 지점으로 잡힌 상태에서 그 지점을 가장 잘 대변할 상관물로 트럭을 설정했던 것이다. 트럭이 갖고 있는 이미지는 단순하다. 크고 거칠고 묵직한 이미지를 가진 운송수단이다. 만약 그 트럭이 끝없는 질주를 한다면? 무섭거나 공포스러운 이미지도 포함한다. 「트럭」은 그렇게 트럭이 갖는 단순한 속성에 움직임 현상까지 활용하여 나만의 시조를 창작하게 되었다.

　객관적 상관물을 활용할 땐 지독하리만큼 정밀한 관찰을 해야 한다. 한발 물러나서 관찰하는 상태가 아니라, 전지적 작가 시점에서 모든 것을 알고 깨닫고 있는 듯한 상태가 아니라 정말 그 대상과 하나가 된 밀착된 상태에서 남들이 안 보는 눈으로 정밀하게, 세밀하게 객관적 상관물을 관찰해야 한다. 그래야 나만의 발견과 나만의 직관에 도달할 수 있다. 그러한 기법을 필자는 『시클』(고요아침, 2016.)에서 '현미경 기법'과 '내시경 기법'이라고 명명했다. '현미경 기법'은 자신만의 정밀한 눈으로 시적 대상의 외적 요소를 관찰하고 읽어내는 기법이고, '내시경 기법'은 자신만의 섬세한 직관으로 대상의 안쪽이나 너머를 깊이 있게 직관해내는 기법이다.

### 3. 단계 _ 확장하기 _ 상상적 체험을 섬세하게 극적으로 하기

시조를 잘 쓰려면 체험을 진실되게 많이 해야 한다는 말이 있다. 시적 진정성 때문이다. 그래서 체험은 시조에서 매우 중요하다. 그러나 체험이 진정성의 절대적 조건은 아니다. 진정성은 시인의 진실한 체험에서 비롯되기보다는 시조 속 화자의 진실한 태도에서 발현되기 때문이다. 시인이 시조를 주도하는 것이 아니라 화자가 시조를 주도하고 있다는 것만 깨닫는다면 그 말이 무슨 뜻인지 쉽게 이해할 수 있을 것이다. 그렇다면 시인의 체험은 모두 소용없는 것인가? 아니다. 화자의 체험은 시인의 직간접적인 체험이 스며들어서 나타난다. 간이역에서 이별한 적 없는 시인이 간절한 마음으로 이별하는 화자의 상황을 시조로 쓴다고 치자. 그럴 때 기차역에 대한 시인의 직간접적인 경험이 하나도 없다면 간이역을 배경으로 하는 진정성 있는 이별 시조는 탄생할 수 없게 된다. 시인이 적어도 기차역을 가보거나 간접적으로 다른 매체를 통해 간이역을 경험해야 그 경험을 바탕으로 화자가 상상적 체험을 충분히 할 수 있다. 시인의 직간접적인 경험이 확장되고 재조립되어야만 화자의 경험으로 재탄생될 수 있다는 뜻이다.

시인의 체험이 이렇게 중요한 데도 시인의 체험만 가지고 쓰지 말라는 것은 시인의 이성과 가치관, 윤리 등이 화자의 체험을 확장하는 데 방해 요소로 작용하기 때문이다. 화자 입장에서만 정황과 정서가 철저하게 펼쳐지고 뻗어 나가야 하는데, 시인이 그 화자를 간섭하는 그림자로 따라붙는다면 시조의 세계는 한정되고 제재도 금방 한계를 드러내게 된다.

마지막 단계는 그런 상상적 체험을 극단까지 끌고 가서 실감 나게 하는 것이다. 하나의 대상이 가진 존재적인 의미를 탐구할 때도 대상이 처한 상황을 다각도로 검토해야 한다. 다양한 환경적 조건과 정서적 조건을 부여해서 가장 잘 존재성을 발현할 수 있는 체험적 상황을 설정해야 한다. 기존에 있던 익숙한 체험적 상황에서 최대한 벗어나고, 벗어날 수 없다면 전혀 다른 경험적 발상을 적용해야 한다.

상상적 체험은 시인의 주관성을 버리고 화자 입장에서 아주 깊이 있게 이루어져야 한다. 그럴 때 시간적 체험, 공간적 체험, 사건적 체험 등을 내밀하게 펼치면 된다. 다시 한번 간이역에서의 이별을 시조로 쓴다고 치자, 시간적 체험으로 '노을 낀 저녁' '비 내리는 새벽' '태양이 작열하는 한낮' '얼음이 녹기 시작한 3월' '억새가 산등성이를 물들이는 가을' '어둠의 숨소리마저 차가운 겨울' 등 다양한 시간과 계절을 떠올려야 한다. 같은 상황이어도 봄의 이별과 가을의 이별은 같을 수 없고 막차 시간 때의 이별과 첫차 시간 때의 이별 또한 같을 수 없다. 공간도 마찬가지다. 매표소 앞의 이별과 플랫폼 안의 이별과 역 광장에서의 이별은 다르다. 바닷가 앞 간이역과 들판 앞 간이역은 또 다르다. 상황도 다양하게 체험해야 한다. 헤어진 존재가 기찻길로 뛰어드는 상황, 화자와 헤어진 이가 서로 반대편 행 기차를 타고 가는 상황, 승차가 아니라 하차하면서 이별하는 상황, 헤어지고 나면 죽은 후에야 만날 수 있는 상황 등 다양한 상상적 체험도 이루어져야 한다.

이런 상상적 체험을 할 때 염두에 두어야 할 것은 바로 1단계에서 설정한 나만의 시적 지점이다. 무작정 상상적 체험을 하지 말고 나만의 시적 지점을 머릿속에 품은 상태에서 체험을 극적으로 해야 한다. 예를 들어 '새엄마에 대한 오묘한 연민 의식'을 나만의 지점으로 설정하고 시조를 쓴다면 그 메시지를 항상 염두에 두고 체험을 펼쳐야 한다. '오묘함'이 제대로 발현될 수 있도록 이런 식으로 상상을 펼치면 좋겠다. 친엄마는 일찍 자신을 버렸는데, 새엄마는 귀찮아하면서도 끝까지 화자를 돌보는 상황. 그 상황을 바탕으로 솔직 담백하게 새엄마의 심리와 화자의 심리를 동시에 반영하면 '오묘함'이 확보될 것이다. 지나치게 착한 새엄마로 상상을 하거나 지나치게 나쁜 새엄마로 상상을 해서 쓰게 되면 전자는 '작위적이다.' 후자는 '너무 뻔하다.'라는 평가를 받게 될 것이다.

연민의 경우 추가로 이런 상상까지 하게 되면 더욱 좋다. 친아빠마저 죽고 병든 새엄마만 남겨진 상황. 그럴 때 병든 새엄마에 대한 심리 상태는 묘한 연민 의식이 될 것이다. '자신에게 엄청 잘 해준 적은 없지만 끝까지 버리지 않고 키워준 것에 대한 고마움+친엄마의 자리를 차지하고 혈연처럼 잘해주지 않은 것에 대한 섭섭함+나마저 버리면 새엄마가 비참하게 죽게 될 것 같은 상황에 대한 미안함' 등이 합쳐져서 묘한 연민 의식이 자리하게 된다.

또 하나 주의할 점은 누구나 공감이 가능한 있을 수 있는 상황을 체험해야 한다는 점이다. 나만의 상상적 체험을 하라고 하니까 특수하게 있을 수 있는(1000명이면 한두 명 경험할 수 있는) 상황으로 체험을 해서 새로운 시조 인양 쓰는 경우가 있다. 그렇게 되면 '시조가 억지스럽다' '시조를 머리로 썼네' '시조를 동화처럼 썼네'하는 평가를 받게 될 것이다.

지금까지 정리한 시조 쓰기 준비 3단계는 다음과 같다.
1. 단계 _ 스스로 점검하기 _ 메시지 분명히 하기 + 내 시조만의 장점 찾기
2. 단계 _ 객관적 상관물(현상)을 찾기 + 관찰과 조사 정밀하게 하기
3. 단계 _ 확장하기 _ 상상적 체험을 섬세하게 극적으로 하기

앞으로 상상 테마로 시조 쓰기를 할 때 여기에서 제시한 시조 쓰기 3단계를 모두 거친 다음 쓰면 좋겠다. 그렇게 한다면 나만의 좋은 시조를 쓸 수 있는 기회를 매번 맞이하게 될 것이다. 귀찮더라도 3단계까지 준비를 한 다음 꼭 시조를 쓰길 바란다.

## 3. 상상 테마1 _ 단순한 사물과 현상을 바탕으로 상상하며 시조 쓰기

### @소재나 모티브가 갖는 특징과 상상 적용 방법

　상상 테마1은 나만의 시적 의미나 메시지를 담을 수 있는(또는 암시할 수 있는) 작고 단순한 사물과 현상을 바탕으로 상상을 적용해보는 방법이다. 아이러니하게도 심상(心象)을 제공하는 시조의 매력은 총체적이고 대의적인 것에서 비롯된 것이 아니라 단순하고 근원적이고 본질적인 것에서 비롯된다. 단순성, 근원성, 본질성을 가진 사물이나 현상이 심상을 유발하는 감각과 시적 사유를 제공해주기 때문이다. 단순성, 근원성, 본질성은 인간이면 누구나 감각하고 감지할 수 있는 특징을 가진 것들이다. 그렇기 때문에 공감대가 넓고 독자를 쉽게 본인의 시조 속으로 끌어당기는 힘을 갖는다.

　일상생활을 하다가 맨홀을 만났다면 단순한 사물인 맨홀을 가지고 상황 비유를 통해 시조를 쓸 생각을 해야 한다. "나에게 너무나 많은 맨홀이 있어. 끊임없이 실패하니까." "내 사랑(마음, 상황 등)은 지금 맨홀 속이야." "난 나만의 맨홀을 갖고 싶어. 집에만 가면(~~만 하면) 숨고 싶으니까." "난 이미 맨홀에 빠졌어. 그런데 바닥에 닿지 않아. 지금도 떨어지고 있는 중이야." 등의 상상을 펼쳐야 한다.

　로스팅이라는 단순한 현상을 만났다면 무엇을 로스팅할 것인가에 대한 상상을 펼쳐야 한다. 단순히 원두를 추출해서 내리는 것이 아니라 예상치 못한 것을 내려야 한다. "슬픔을, 고독을, 연민을, 첫사랑을, 분노 등을 추출해서 내리면 어떨까?" "슬픔의 맛은, 고독의 맛은, 연민의 맛은, 첫사랑의 맛은, 분노의 맛은 어떨까?" "그러한 것들의 원산지는 어디일까?" "뜨거울 때 마시면?" "차가울 때 마시면?" "여름밤에 마시면?" "서리가 내릴 때 마시면?" "무언가와 섞어서 마시면?" 등의 다양한 상상을 펼칠 줄 알아야 한다.

　원리는 간단하다. 단순한 사물(현상)과 예기치 못한 것을 자연스럽게 상상을 통해 결합시키면 신선한 발상이라는 평가를 받을 수 있다.

<추천 예문>

의류수거함

김범렬

재활용 의류수거함 뱃구레가 홀쭉하다.
보름달 풍선처럼 제 깜냥 부푸는 변방
푹 꺼진 분화구 속에 적막 하늘 담고 있다.

잠 못 든 한 사내가 그 옆에 누워있다.
이웃한 박주가리 덩굴손 감아올리고
첫 대면 어색한 동거에 치열한 자리다툼.

몇 끼나 걸렀을까? 덩치 큰 하마 같이
버려지는 헌옷가지 한 입에 삼켜버릴
장벽을 허무는 바람, 아린 속 어루만진다.

느꺼웠던 지난날 주머니처럼 까집어보다
하릴없는 남루에 먼지만 뒤집어쓴
저 와불 벌떡 일어나 주린 배를 채운다.

— 2015년 동아일보 신춘문예 당선작

## 문장부호, 느루 찍다

백윤석

점 하나 못 챙긴 채 빈 공간에 갇히는 날
말없음표 끌어다가 어질머리 잠재우고
글 수렁 헤쳐 나온다,
바람 한 점 낚고 싶어

발길 잡는 행간마다 율격 잠시 내려놓고
어머니 말의 지문 따옴표로 모셔다가
들레는 몇 몇 구절을
초장으로 앉혀야지

까짓것, 급할 게 뭐람 쌍무지개 뜨는 날엔
벼룻길 서성이는 달팽이도 불러들여
중장은 느림보 걸음,
쉼표 촘촘 찍어 보다

그래도 잘 익혀야지, 오기 울컥 치미는 날
뙤약볕 붉은 속내 꽉 움켜쥔 감꼭지로
밑줄 쫙! 종장 그 너머
느낌표를 찍을 터

― 2016년 경상일보 신춘문예 당선작

## 말들의 사막

이윤훈


눈물이 사라진 곳 사막이 자라난다
풍화된 말에 덮여 잠귀 어두운 길
눈을 뜬 붉은 점자들 혓바닥에 돋는다

금모래빛 말들이 줄을 이뤄 쌓인 언덕
전갈이 잠행하는 미끄러운 행간 속에
슬며시 꿈틀거리며 입을 벌린 구렁들

눈물샘 깊은 데서 오래 맑힌 말들
발걸음 자국마다 한 그루씩 심어 놓아
파릇한 수직의 빛들 방사림을 이루고

신열 오른 말들이 아른대는 신기루 속
물 냄새 맡은 낙달 사막을 건너간다
어디서 선인장 피나 마른 입 속 뜨겁다

― 2021년 동아일보 신춘문예 당선작

< 직접 써 보세요 >

*여기서 제시하는 단어를 바탕으로 시조 쓰기 3단계를 채워 넣은 다음 시조를 한 편 창작하시오.

— 제시 단어: 문, 기둥, 면, 각, 선, 틈, 막, 떨켜, 계단, 맨홀, 못, 거울, 콘센트, CCTV, 믹서기, 분쇄기, 파쇄기, 숙성, 발효, 기척, 충전, 타일, 드릴, 망치, 유리, 송곳, 센서, 피뢰침 등(이 밖에 작고 단순한 사물이나 현상 중 나만의 시적 메시지를 담을 수 있는 것이면 다른 것을 바탕으로 써도 된다. 꼭 이 단어를 제목으로 하지 않아도 된다.)

|  | 시조 쓰기 3단계 적용 |
| --- | --- |
| 1. 단계<br><br>스스로 점검하기<br>메시지 분명히 하기<br>+<br>내 시조만의 장점 찾기 |  |
| 2. 단계<br><br>객관적 상관물(현상)을 찾기<br>+<br>관찰과 조사 정밀하게 하기 |  |
| 3. 단계<br><br>확장하기<br>상상적 체험을 섬세하게<br>극적으로 하기 |  |

## 4. 상상 테마2 _ 병적 현상을 바탕으로 상상하며 시조 쓰기

### @소재나 모티브가 갖는 특징과 상상 적용 방법

인간의 삶에서 생로병사는 살아가는 내내 시작과 과정과 끝에 개입한다. 그중에서 병적 현상은 과거와 다르게 현대인들에게 다양한 형태와 속성으로 밀착되어 끊임없이 우리와 대화를 시도하거나 길들이거나 싸움을 걸어온다. 두려움, 자학, 자살, 유폐, 병사, 괴로움, 이별과 같은 단어를 부추기면서 인간과 한 몸이 되려고 접근한다. 이런 병적 현상과 관련된 모티브는 시조에서 매우 많이 쓰이는 제재 중의 하나다. 그중에서도 단순히 육체적 고통이 아닌 정신적 고통과 심리적 폐허를 동반한 병이나 현상은 존재론적인 의미나 정서적인 무늬를 표출하는 데 유용하다.

그럴 때 이 병적 현상을 단순화시키지 않고 다각적으로 발상의 전환을 통해서 바라보는 태도가 중요하다. 단순히 병이 급성이 아니라 그리움이나 고독 등이 급성이 되어야 하고, 화자를 전염시킨 것이 바이러스가 아니라 어둠이거나 음악이거나 변방이거나 월요일이거나 3월이거나 황무지 같은 것들이어야 한다.

원래 그 대상이나 현상이 하는 일을 그대로 심각하게 다루는 일은 진지함만을 던져줄 뿐임으로 이제 피해야 한다. 사람이나 의자가 고독한 것은 너무나 당연하니 예상치 못한 존재의 고독을 떠올려야 한다. 그와 같이 사람이 병이나 이별로 인해 치명상을 입는 것은 당연하다. 무조건 다른 것으로 인해 치명상을 경험해야 한다. 치명을 입히는 것이 첫 번째 문장이면 어떨까? 상징이면 어떨까? 생일이면 어떨까? 10층이면 어떨까? 오렌지나 토마토면 어떨까? 다양하게 접근하고 고민해야 한다. 절대 현상을 단순화시키지 말고 무조건 발상의 전환을 통해 신선함을 확보한 다음 시적으로 다가오도록 자연스럽게 상상적 체험을 하고 객관적 상관물을 세심하게 관찰한 후 내밀하게 사유해야 한다.

<추천 예문>

MPD*

김나비

포르말린 가득 찬 유리병을 본 적 있니
시간을 베고 누운 병 속의 표본처럼
내 몸속 수많은 사람 보관되어 있지

네모난 구멍들이 뚫려있는 몸통에
각진 불이 켜지는 한밤이 찾아오면
사람이 꿈틀거리는 유충처럼 보이지

몸속엔 살인범도 그를 쫓는 형사도 살지
술병의 병목 부는 나팔수가 연주하고
심장엔 물방울 같은 아이들이 뛰어놀지

바람이 어깨 펴고 옆구리를 치고 가면
철커덕 휘청이며 키를 높이 세우지
가슴에 현대아파트 이름표가 반짝이지

*multiple personality disorder(다중인격장애)

— 『혼인비행』, 발견, 2020.

# 편두통에 대한 분석

이경임

빌딩숲 사이 저 별은
내 편두통의 증거다
혈류를 거스르며 한곳으로 기우는 몸
더 갈 데 차마 없어서 모퉁이를 자처한 별

울란바토르 하늘에 씻은 듯 붙박이는 건
남은 짐 마저 싸는 쓸쓸한 편지 한 장
어차피 돌아갈 길은 몇 알의 통증완화제

두 눈을 감으면
소리가 더 환하다
소슬한 바람 몇몇
무심코 지나치는,
내 생애 한 귀퉁이에
누군가 떠나가는

— 이숙경 이경임 권영오 『청라 vol.1』, 책만드는집, 2021.

# 어머니, MRI

이규원

미궁 속 당신의 뇌를 나는 전혀 모른다
아는 것은 낮은 코 주름진 눈 옅은 눈썹
쭈글한 얼굴이지만 팽팽했던 연륜 너머

도대체 뇌 속에 뭐가 몰래 스민걸까
보이고 싶지 않을 폐쇄성을 비춰보며
경색된 초미세 혈관 병변까지 들춰낸다

치명적인 과거는 소음 속에 분진 되고
멎을 듯한 들숨과 날숨 근육마저 경직되어
사십 분 그 시간 속이 이어질 듯 떨고 있다

시상면矢狀面의 용종과 심란한 비린내
우지 마라 괘안타 살 만큼 살았으니
망望 구십, 턱 막혀버린 깊고 깊은 우물이다

— 2022년 국제신문 신춘문예 당선작

< 직접 써 보세요 >

*여기서 제시하는 단어를 바탕으로 시조 쓰기 3단계를 채워 넣은 다음 시조를 한 편 창작하시오.

― 제시 단어: 포비아, 하지정맥류, 급성, 만성, 전염, 면역, 희귀, 마취, 외상, 내상, 위급, 바이러스, 착란, 치명, 염증, 재검, MRI, 매혈, 간병, 각종 증후군 등 (이 밖에 병적 이미지를 나타내는 단어나 현상 중 나만의 시적 메시지를 담을 수 있는 것이면 다른 것을 바탕으로 써도 된다. 꼭 이 단어를 제목으로 하지 않아도 된다.)

|  | 시조 쓰기 3단계 적용 |
|---|---|
| 1. 단계<br><br>스스로 점검하기<br>메시지 분명히 하기<br>+<br>내 시조만의 장점 찾기 |  |
| 2. 단계<br><br>객관적 상관물(현상)을 찾기<br>+<br>관찰과 조사 정밀하게 하기 |  |
| 3. 단계<br><br>확장하기<br>상상적 체험을 섬세하게<br>극적으로 하기 |  |

## 5. 상상 테마3 _ 공간에 대한 상상력으로 시조 쓰기

### @소재나 모티브가 갖는 특징과 상상 적용 방법

시조를 가능하게 하는 추동력은 이미지다. 이미지는 보통 사물, 움직임, 상태, 시간성과 공간성 등에 의해 획득되는데, 이 중에서 공간은 시조에서 없어서는 안 될 중요한 이미지 저장 창고다. 아리스토텔레스는 공간을 사물 간의 관계라고 했다. 그렇게 공간은 사물과 사물이 만나는 관계성을 형성한 채 놓인 이미지 덩어리다. 여기 강의실이 있다고 치자. 강의실엔 사람(나), 학생(타인), 교탁, 의자, 책상, 칠판, 보드마카, 스크린, 휴지통, 시계, 원격조정 협탁, 컴퓨터, 먼지 등이 있다. 공간이 설정되는 순간 이렇게나 많은 사물들이 자동적으로 딸려온 것이다. 그만큼 공간은 사물 이미지를 환기시키는 능력이 탁월하다.

그런데 시조에서의 공간은 단순한 사물들의 거주지가 아니다. 전부 다 시적 메시지와 연관이 있는 장소이다. 시적 메시지에 부합하는 시인의 의도에 의해 설정된 장소인 셈이다. 갓난아기 때 버려져서 죽는 순간까지 고아 취급을 받는, 서러움의 정서로 가득 찬 화자가 있다고 치자. 그럴 때 '죽음에게까지 버림받았다'라는 나만의 시적 메시지가 탄생하게 되는데, 그 메시지를 전달할 때 가장 적합한 공간을 설정해야 한다. 생계조차 해결하지 못해 혼자 쓸쓸하게 죽어가는 누추한 방으로 할 것인가? 노숙자 생활을 하는 도시의 지하철이나 지하도 공간으로 할 것인가? 교통사고 나서 죽었는데 아무도 찾아가지 않는 무연고 사체들만 모여 있는 시체실로 할 것인가? 아니면 스스로 고독한 삶을 마감할 자살에 적합한 장소(난간, 절벽, 육교, 욕실 등)로 할 것인가? 그런 고민 끝에 구체적인 공간을 설정했을 때 이미지도 획득되고 실감 나는 표현도 우러나오게 된다.

이제 공간에 대한 상상력을 시도해보자. 사물의 거주지로서의 공간에서 예상했던 사물 말고 다른 것이 거주하게 만드는 것이 시적 상상이다. 그 대신에 구체적으로 설정해야 한다. A라는 공간에 B라는 대상이 살거나 놓여 있다고 상상해

보자. "거실엔 100년 동안 지구를 떠돌다 돌아온 바람이 쉬고 있을 거야" "욕실엔 내가 집을 비운 사이에 찾아온 헤어진 애인의 독백이 살고 있을 거야" "무덤 속엔 아직도 살아있는 죽은 자의 그리움이 살고 있을 거야" "건설 현장으로만 떠돌던 아버지의 몸속엔 '고도'나 자살 충동이 아닌 스님이 되겠다는 열망이 살고 있을 거야"와 같은 구체적인 상상을 펼치면 된다.

<추천예문>

## 마당 깊은 집

강대선

바랭이 강아지풀 숨죽이는 저물녘에

장독대 틈 사이로 구렁이 지나간다

고요는 툇마루에서 먼지로 층을 쌓는다

우체통은 주인 없는 고지서를 받아놓고

별들은 감나무 가지에 오종종 앉아 있다

처마는 구부러지고 기와 물결 끊어진다

바람이 들락거리는 양주댁 방안으로

손주들 웃는 모습 흙벽에 즐비한데

흩어진 근황을 묻는 달빛만 수심 깊다

— 2019년 동아일보 신춘문예 당선작

## 떠도는 섬
— 어느 독거노인의 죽음

유헌

엎어진 숟가락처럼 섬 하나 놓여 있다
막걸리 쉰내 나는 툇마루만 남아서
밤마다 갯바람소리 환청에 떨고 있다

느릿느릿 애 터지게 바람이 불어온다
둘이 같이 살아보자 옆구리 토닥이던
파도가 밀려왔던 자리, 절벽이 생겨났다

무연히 쓸어보는 방바닥엔 흰머리뿐
파도에 멍든 자리 동백꽃이 새살 돋고
창문을 더듬는 햇살, 하얗게 질려간다

칠 벗겨진 양철대문에 파도소리 출렁인다
그물코에 빠져나간 한숨들을 깁는가
오늘도 뱃고동소리 속절없이 지나간다

— 2012년 국제신문 신춘문예 당선작

## 격렬비열도(格列飛列島)

장수남

전설 속의 새를 품고 번역되는 비열도
계절이 반복되던 이야기는 끝나지 않고
도무지 잠들지 않는 플롯을 풀어 놓는다

아물지 않는 흉터 속에 신의 손을 감추고
야생의 빗살무늬 출렁거리는 주상절리
파도에 물어뜯기는 몸서리에도 꿈쩍 않는다

시간은 요동치며 변방의 길 내달리고
철새와 함께 붉은 아우성 산란 중인 동백 숲
세 섬이 하나가 되어 말줄임표를 실현한다

새들과 어부들만 은자처럼 쉬어가고
키 높은 물살에 등대불빛 숨죽이는 곳
해풍에 찢긴 환부마저 저 혼자 열고 닫는다

— 제20회 고산문학대상 시조부문 신인상 당선작

< 직접 써 보세요 >

*여기서 제시하는 단어를 바탕으로 시조 쓰기 3단계를 채워 넣은 다음 시조를 한 편 창작하시오.

— 제시 단어: 분만실, 창고, 중환자실, 광장, 옥상, 무인도, 반지하, 지하실, 연습실, 비상구, 동물원, 식물원, 영안실, 화장터, 절개지, 벼랑, 분화구 등 (이 밖에 공간 중에서 나만의 시적 메시지를 담을 수 있는 것이면 다른 것을 바탕으로 써도 된다. 꼭 이 단어를 제목으로 하지 않아도 된다.)

|  | 시조 쓰기 3단계 적용 |
|---|---|
| 1. 단계<br><br>스스로 점검하기<br>메시지 분명히 하기<br>+<br>내 시조만의 장점 찾기 |  |
| 2. 단계<br><br>객관적 상관물(현상)을 찾기<br>+<br>관찰과 조사 정밀하게 하기 |  |
| 3. 단계<br><br>확장하기<br>상상적 체험을 섬세하게<br>극적으로 하기 |  |

## 6. 상상 테마4 _ 날씨 요소를 바탕으로 상상하며 시조 쓰기

### @소재나 모티브가 갖는 특징과 상상 적용 방법

간절한 정서를 언어로 그려내는 작업을 하는 시조에서 날씨는 정서에 자극을 주는 중요한 요소 중 하나다. 날씨에 따라 기분의 변화와 기복이 심하게 일어나기 때문이다. 날씨는 감정을 부추기고 분위기를 만들고 기억을 소환한다. 1차적으로는 몸의 감각에 자극을 주지만 그 몸의 감각에 의해 심리 상태가 결정되므로 날씨는 객관적인 형태의 외부 환경으로 끝나지 않고, 주관적인 요소로 확장되어 개별 심리 상태를 대변한다.

이런 날씨를 가지고 상상력이 발동된 시조를 쓸 때는 비유적 상상이나 상징적 상상을 통해 날씨를 예민하게 바라볼 필요가 있다. 요즘은 기상이변으로 우기를 자주 만나게 된다. 그런데 그런 우기와 상관없이 "4월엔 유난히 비가 많이 내린다"라고 한다던가 "내가 면접을 보러 갈 때마다 땡볕이 쏟아진다" "슬픔에도 주의보가 있다. 이별한 직후엔 더더욱…"이라고 하게 되면 날씨가 화자의 처지와 심리 상태를 비유적으로 대변하게 되는 것이다. 4월에 왜 비가 많이 쏟아지겠는가? 그것은 4월이 암시적으로 슬픔을 많이 품고 있기 때문이다.

이제 더욱 신선하게 상상을 적용해보자. 예상치 못한 날씨를 상상으로 떠올려보는 것이다. 기억 속 날씨, 이별 속 날씨, 심장 속 날씨, 불면 속 날씨, 노래 속 날씨, 빈방이 가진 날씨 등을 상상으로 체험하게 되면 나만의 시조를 쓸 수 있는 발상이 자리하게 된다.

\<추천예문\>

## 감성주의보

박민교

유독 저, 백련白蓮에게 악천후가 떠돈다
꽃눈을 재생하면 뿌리가 살아날까
별안간
중심을 잃고
소낙비만 쏟는다

비가 오면 어머니는 또다시 울컥한다
아플 것을 예언하던 애도의 자세들
가슴이
미어질 때면
첨벙하고 젖고 싶다

잎사귀를 다 털고 나서야 후련할 텐데
시선은 오른쪽 하단이 적당할 거다
연못 속
달빛마저도
울화가 깊었나 보다

―『나무가 된 나를 심다』, 고요아침, 2021.

## 비를 다스리는 알약

이규원

알약에 빗소리를 다스리는 성분 있으니
묵음으로 들어보라는 약사의 농담 앞에
미주알 꼬무락거리는 내 안에 날씨들

고백을 다스리며 나올까 말까 망설이다
환자가 아닌 척 병원을 빠져나온다
이 순간 나를 둘러싼 모든 것이 젖어든다

우산을 빌려주는 멋진 사람도 없고
월요일은 다짐을 지우느라 너무 바빠
받아 든 처방전에는 이별의 목록만 있다

—『가까이 앉으라는 말』, 고요아침, 2021.

< 직접 써 보세요 >

*여기서 제시하는 단어와 구절을 바탕으로 시조 쓰기 3단계를 채워 넣은 다음 시조를 한 편 창작하시오.

— 제시 단어: 기억 속 날씨, 이별 속 날씨, 심장 속 날씨, 불면 속 날씨, 노래 속 날씨, 거실 속 날씨 등 (이 밖에 나만의 시적 메시지를 담을 수 있는 것이면 다른 제시어를 바탕으로 써도 된다. 꼭 이 단어를 제목으로 하지 않아도 된다.)

|  | 시조 쓰기 3단계 적용 |
| --- | --- |
| 1. 단계<br><br>스스로 점검하기<br>메시지 분명히 하기<br>+<br>내 시조만의 장점 찾기 |  |
| 2. 단계<br><br>객관적 상관물(현상)을 찾기<br>+<br>관찰과 조사 정밀하게 하기 |  |
| 3. 단계<br><br>확장하기<br>상상적 체험을 섬세하게<br>극적으로 하기 |  |

# 7. 상상 테마5 _ 물고기나 생선에 관한 이미지로 상상하며 시조 쓰기

## @소재나 모티브가 갖는 특징과 상상 적용 방법

눈을 감고 물고기를 만났던 순간들을 떠올려 보면 많은 이미지들이 머릿속에서 헤엄쳐 다닐 것이다. 강이나 호수, 저수지, 바닷가, 시장, 마트 등에서 만난 물고기들, 살아있거나 죽어 있는 식재료들, 수족관에 갇힌 채 선택만을 기다리는 산송장 같은 물고기들, 건어물이 되어 미라처럼 보이는 물고기들, 토막 난 채 냉동실에서 꽁꽁 얼어있는 물고기들, 꼬물꼬물 움직이는 치어나 실치들. 그렇게 물고기들은 우리의 기억과 밀접한 관계를 맺은 채 살고 있다.

친숙한 물고기 이미지를 활용하여 시조를 쓸 때는 보이는 요소만 가지고 써서는 안 된다. 최소한 비유적 상상력이나 동일화적인 상상력이 적용되어야 한다. A라는 사람의 처지가 꼭 수족관에 갇힌 물고기 같다거나 냉동실에 얼려져 있는 생선 같다거나 심장과 내장을 다 내주고도 눈만 껌벅이는 접시 위의 생선회 같다거나 하는 비유적 상상력을 동원해야 한다. 또한 물고기가 A의 몸속에 들어와 산다거나 그 몸속에 알을 낳고 떠났다거나 A가 물고기 몸속에 들어가 살면서 심연을 떠돈다거나 하는 동일화적인 상상력을 동원해야 한다. 부분적인 요소를 활용해 상상을 적용하는 방법도 있다. "일요일에게서 가시가 자꾸자꾸 자란다" "기억은 지느러미 없이 헤엄쳐 다닌다" "부레가 없는 상상이 기형물고기처럼 내게 왔다" 등과 같은 상상적 구절을 착안해서 쓸 수도 있다.

<추천 예문>

## 자반고등어

정진희

푸른 등이 시린지 부둥켜안은 몸뚱이

제 속을 내주고 그리움을 묻어둔 채

장마당 접었던 밤은
해풍만 가득하다

기댈 곳 없었다 그냥 눈 맞은 너와 나

천지사방 혼자일 때
보듬고 살자했지

소금물 말갛게 고인 눈알 되어 마주친

동살이 밝힌 물길 야윈 등을 다독이다

나 다시 태어나 너의 짝이 되리라

살 속에 가시길 박힌
그 바다를 건넌다

― 2017년 동아일보 신춘문예 당선작

# 옥돔

이명숙

지느러미 가시 같은 까칠한 손잔등이
햇살을 뒤척이며 꾸득꾸득 말라간다
함지 속 대여섯 뭉치
하얗게 핀 소금꽃

갈매기 비린 문자도 졸고 있는 오후 세시
굵은 주름 행간마다 서린 미소 너른 여백
때 늦은 국수 한 사발
입술 주름 펴진다

식용유 한 스푼에 열 올려 튀겨내면
뼈째 먹는 보약이라나 오일장 할망 입심
바다도 통째 팔겠다
검정 비닐 속 찬거리

― 2014년 영주일보 신춘문예 당선작

## 겨울, 횡계리에는

김종호

횡계리 황태밭에 비린내로 돋는 달빛
송천(松川) 얼음물에 무장무장 뜨는 별빛
영 너머 파도 소리까지 에돌다가 매달렸네.

눈발 들이치는 목로에 마주 앉아
내 배알, 버렸지라, 빈 가슴 두드리던
노인의 시린 등허리가 흔들리고 있었네.

돌아보면 산문 밖은 모두다 덕대였지,
한 생애 흔드는 게 눈발이며 바람뿐일까
노랗게 물들어가다 엇갈리던 환한 꿈들,

무두태*로 떨어져서 드난사는 동안에도
코를 꿰인 영혼들이 칼바람에 흔들리며
노을 진 엄동설한을 건너가고 있었네.

*건조과정에서 머리가 떨어진 명태.

— 2017년 부산일보 신춘문예 당선작

< 직접 써 보세요 >

*여기서 제시하는 단어를 바탕으로 시조 쓰기 3단계를 채워 넣은 다음 시조를 한 편 창작하시오.

— 제시 단어: 가시, 비늘, 지느러미, 회귀, 비린내, 아가미, 산란, 어족, 치어, 심해어, 귀신고래, 가두리, 경매, 통조림, 구이, 찜, 조림, 각종 물고기 이름이나 특별한 생선 요리 등 (이 밖에 물고기 이미지 중에서 나만의 시적 메시지를 담을 수 있는 것이 있다면 다른 것을 바탕으로 써도 된다. 꼭 이 단어를 제목으로 하지 않아도 된다.)

|  | 시조 쓰기 3단계 적용 |
|---|---|
| 1. 단계<br><br>스스로 점검하기<br>메시지 분명히 하기<br>+<br>내 시조만의 장점 찾기 |  |
| 2. 단계<br><br>객관적 상관물(현상)을 찾기<br>+<br>관찰과 조사 정밀하게 하기 |  |
| 3. 단계<br><br>확장하기<br>상상적 체험을 섬세하게<br>극적으로 하기 |  |

## 8. 상상 테마6 _ 음식 관련 이미지로 상상하며 시조 쓰기

### @소재나 모티브가 갖는 특징과 상상 적용 방법

인간에게 제일 중요한 생존 수단이 바로 의식주다. 이 세 가지는 사람들에게 가장 밀착된 상태로 놓여 감각과 감정, 생활방식을 결정짓는 역할을 한다. 그중에서 이번에 살펴볼 대상은 '식(食)'에 해당하는 음식이다. 음식은 사람이 먹을 수 있도록 만든, 밥이나 국 등 따위의 대상을 의미한다. 이런 음식과 관련된 이미지는 엄마의 뱃속에서부터 시작된다. 탯줄을 통해 영양분을 공급받고 엄마가 섭취하는 것을 통해 간접적으로 음식 이미지를 저장한다. 태어나서는 무언가를 질근질근 씹고 싶어서 잇몸과 이빨이 간지럽고 젖을 떼고 나선 세상의 모든 음식을 먹어볼 수 있는 가능성을 얻는다. 그 이후에는 각자의 삶 속에서 찾아오는 수많은 음식과 관계를 맺고 생존의 순간순간을 보낸다.

나이를 점점 더 먹게 되면 과거에 먹었던 음식을 추억하는 태도도 생긴다. 그럴 때 회상은 음식 자체만을 떠올리는 단순한 행위가 아니다. 그날 그 순간에 같이 있었던 사람들의 이미지, 분위기나 정서를 환기시키는 능력을 갖는다. 그것처럼 음식 이미지는 우리들의 정서를 감각적으로 부추기는 역할을 수행한다.

음식에 대한 상상력을 동원할 때 작고 단순한 음식 이미지가 훨씬 매력적인 단초를 제공한다는 걸 기억해야 한다. 작고 단순한 것이 훨씬 더 본질성과 근원성을 잘 보여주기 때문이다. 그럴 때 우리가 너무나 잘 알고 있는 레시피를 떠올려서는 안 된다. 예상치 못한 것을 조리하고 예상치 못한 방법으로 요리해야 한다. 발효의 경우 여러분은 무엇을 발효시킬 수 있겠는가?

봄을 발효시키거나 고독이나 슬픔, 외로움, 비난을 발효시키거나 아버지의 뒷모습을 발효시키거나 눈물이나 비웃음을 발효시키거나 하는 상상을 펼쳐야 한다. 조림의 경우엔 무엇을 조릴 것인가를 생각해야 한다. 우울이나 권태를 조리는 건 어떨까. 어둠이나 상상을 타기 직전까지 조리는 건 어떨까. 다짐이나 거짓

말, 선언을 조리는 건 어떨까. 또한 요리하는 방법도 기발한 상상으로 설정해야 한다. "맛있는 슬픔을 요리하는 것은 눈물이 아니라 100일 넘게 발효시킨 어둠이다" "신은 집요하게 비참을 잘 요리한다" "봄을 요리할 땐 태양으로만 맛을 내는 것이 아니다"와 같은 상상을 구사할 줄 알아야 한다. 이렇게 음식 이미지가 예상치 못한 것과 만날 때 나만의 지점을 품은 시조가 탄생하게 되는 것이다.

<추천 예문>

## 참깨
— 내가 사랑하는 여자

이지엽

배롱꽃의 눈썰미, 짜글짜글 귄 있는 여자
가지 끝 죄 울리며 애기 하나 갖자는 여자
귀와 눈 맑히는 여자
바람결 훅, 옷 벗는 여자

—『내가 사랑하는 여자』, 책만드는집, 2015.

## 왕새우 소금구이

박성민

왕이시여, 피하소서, 당나라군이 성 안에…….

놓아라, 이놈들아. 짐을 어디로 데려가느냐. 내 친히 갑옷 입고 눈알 부라리며 출정하면 드넓은 바다가 모두 적전의 영토였느니, 쏘가리의 충언을 물리친 탓이로다. 고얀 놈들 감히 용포 위에 소금을 뿌리다니. 불판에 놓일지라도 난 눌어붙지 않을 테다. 死공명이 生중달을 쫓듯 끝끝내 네 놈들을.

들어라! 너희 왕은 자결했다, 살고 싶거든 드러누워라.

—『쌍봉낙타의 꿈』, 고요아침, 2011.

## 짜글이찌개

정희경

벗겨지고 구겨진 어제 같은 양은 냄비
새벽이 끓고 있다 오늘이 졸아든다
호명을 기다리고 선 인력시장 귀퉁이

처음부터 자작한 물 침묵에 사라지고
간이 밴 묵은지는 기다림이 뭉근하다
축축한 목장갑들이 연탄불을 둘렀다

짜글짜글 끓는 소리 웅성임도 식어간다
졸아들다 눌어붙은 벌건 양념 그 위로
눈발이 하얀 눈물이 사선으로 내린다

—『해바라기를 두고 내렸다』, 책만드는집, 2020.

< 직접 써 보세요 >

*여기서 제시하는 단어나 구절을 바탕으로 시조 쓰기 3단계를 채워 넣은 다음 시조를 한 편 창작하시오.

— 제시 단어: 육식, 채식, 잡식, 다양한 요리, 레시피, 메뉴, 찜, 국, 조림, 발효, 건조, 이스트, 퓨전, 동충하초, 젤리, 푸딩, 각종 요리 방법, 미각, 불량식품, 빵집, 오븐, 전자레인지, 배달, 독주, 와인, 막걸리, 독초, 해독, 삭히다, 거식, 폭식, 금식, 각종 약과 보조 식품 등 (이 밖에 나만의 시적 메시지를 담을 수 있는 것이면 다른 것을 바탕으로 써도 된다. 꼭 이 단어를 제목으로 하지 않아도 된다.)

| | 시조 쓰기 3단계 적용 |
|---|---|
| 1. 단계<br><br>스스로 점검하기<br>메시지 분명히 하기<br>+<br>내 시조만의 장점 찾기 | |
| 2. 단계<br><br>객관적 상관물(현상)을 찾기<br>+<br>관찰과 조사 정밀하게 하기 | |
| 3. 단계<br><br>확장하기<br>상상적 체험을 섬세하게<br>극적으로 하기 | |

# 9. 상상 테마7 _ 위치나 방향 관련 요소로 상상하며 시조 쓰기

## @소재나 모티브가 갖는 특징과 상상 적용 방법

만물은 언제나 위치와 방향을 갖는다. 그 위치나 방향에 따라 태도(시선)나 목적, 기능, 가능성이 달라진다. 현대 시조 자체가 대상이 갖는 정서적 태도를 암시적으로 그려내는 것이 목적이므로, 같은 공간 안에서도 어느 위치에 놓여 있느냐, 어떤 방향성을 띠느냐에 따라 그것을 감각하는 화자나 대상이 갖는 미묘한 심리적 맥락은 달라지게 된다. 여기 자동차 공장에서 일을 하다가 오늘 해고 통보를 받은 가장이 있다고 치자. 공장을 빠져나오는 장면으로 시조를 쓸 때 그가 근무하던 생산 라인을 바라보게 할 것인가, 뒤도 안 돌아보고 집 쪽만 바라보게 할 것인가, 공장 앞에서 시위 중인 다른 해고 노동자를 바라보게 할 것인가, 공장 앞 도로를 지나가고 있는 티끌 하나 없는 새 차를 바라보게 할 것인가, 자신의 처지와는 상관없이 흐드러지게 꽃들이 피어 있는 화단을 바라보게 할 것인가에 따라 가장의 심리 상태를 드러내는 농도와 좌표는 달라진다. 생산 라인을 바라보면 아쉬움이나 서운함이 될 것이고 집 쪽을 바라보면 막막한 상태에서 생계를 걱정하는 심리가 될 것이다. 시위 중인 해고 노동자를 바라보면 연민과 공감이 생길 것이고, 새 차를 바라보면 여러 감정이 교차할 것이다. 만개한 꽃들로 가득 찬 화단을 바라보면 자신의 처지와 상관없이 웃고 있어서 비애감이나 인생무상의 감정이 느껴질 것이다. 이처럼 시적 대상이 갖는 위치나 방향성은 곧 대상의 심리적 무늬를 나타내는 중요한 지표가 되므로 시적 대상의 위치나 방향성도 신중하게 결정해야 한다.

위치나 방향에 대한 상상력을 동원할 때 시적 대상이나 사물이 익숙한 공간에 존재하게 하면 상상이 소극적 태도를 취하게 된다. 의자가 교실, 사무실, 재활용 센터, 가구점 등에 있는 것은 너무나 당연하다. 그런데 구름 위나 허공 위에 낡은 의자 혹은 한쪽 다리가 망가진 의자가 놓여 있다면 어떨까? "당신과 나는 아침부터 상상하길 좋아해요/ 우리의 상상이 뛰어다닌 광장은 구름/ 7살 때 내가 앉았던 의자가 놓여 있어요"라는 구절로 시조를 시작할 수 있을 것이다.

　상상을 할 때 주의할 점은 상상이 억지스럽지 않게 하고 동화를 쓰듯 무조건 의인화를 해서는 안 된다는 점이다. 상상을 하라니까 사물을 의인화시키는 경우가 많다. "의자 사장이 의자 과장에게 말했다" 이런 식의 의인화는 뻔한 정황을 나타내기 때문에 시적 재미가 없다. 그러니 최대한 의인화를 하지 않는 상태에서 상상을 동원하되, 그것이 억지스럽지 않게 펼쳐 나가도록 신선한 발상을 해야 한다.

〈추천예문〉

## 남향의 가을

정수자

햇살의 맑은 맨발 고물고물 들어서는
남향의 가을이다 책상마저 상냥하니

순해진 바람발 사이
통증이 엷어지듯

총총 놀던 참새들이 꽁지를 치켜들고
냅다 똥을 싸도 난간은 명랑하고

참참이 낯빛 고치는
소풍 같은 가을날

청탁서 밀쳐놓고 부은 발을 쓸어 보다
먼 길 나서도 좋을 남향의 가을이다

행간을 밀고 나가는
행려들 날개 따라

— 2020년 열린시학회 동인지, 『빛, 그 너머』, 고요아침, 2020.

## 북벽

이태순

여기가 어디인가 마음의 북쪽인가
인기척에 놀란 새들 단청 빛을 끌고 가네
사방이 북벽인 나는 눈이 녹지 않았다

구름 한 점 꽃잎 한 점 투명한 귀를 빌려
부끄러움을 아는 이가 먼저 왔다 갔다는
산문山門에 들지 못하고 갔다는 안부를 듣네

떠날 때를 아는 봄, 봄날이 귀를 접네
저기가 어디인가 꽃이 지는 저 소리
한 순간 바람 지나듯 피안에 들고 있나

— 《시조미학》, 2021년 가을호.

< 직접 써 보세요 >

\*여기서 제시하는 단어를 바탕으로 시조 쓰기 3단계를 채워 넣은 다음 시조를 한 편 창작하시오.

— 제시 단어: 밑, 바깥, 안쪽, 심해, 층, 면, 틈, 금, 경계, 국경, 비상구, 피라미드, 뫼비우스 띠, 추락, 사선, 다양한 너머 또는 안쪽(마침표 너머, 슬픔의 안쪽), 서쪽, 북쪽, 적도, 슬픔 변경선, 남극, 북극, 반지하, 수목한계선, 비등점, 임계점 등 (이 밖에 나만의 시적 메시지를 담을 수 있는 것이면 다른 것을 바탕으로 써도 된다. 꼭 이 단어를 제목으로 하지 않아도 된다.)

|  | 시조 쓰기 3단계 적용 |
|---|---|
| 1. 단계<br><br>스스로 점검하기<br>메시지 분명히 하기<br>+<br>내 시조만의 장점 찾기 |  |
| 2. 단계<br><br>객관적 상관물(현상)을 찾기<br>+<br>관찰과 조사 정밀하게 하기 |  |
| 3. 단계<br><br>확장하기<br>상상적 체험을 섬세하게<br>극적으로 하기 |  |

# 10. 상상 테마8 _ 특별한 태도나 상태를 바탕으로 상상하며 시조 쓰기

## @소재나 모티브가 갖는 특징과 상상 적용 방법

현대인들의 심리는 복잡하고 다양하며 다층적이다. 그런 현대인들의 심리 중에는 특별한 태도나 상태를 나타내는 말들이 있다. 다양한 증후군들도 있지만 집착, 애착, 편애, 관계망상, 자기 소외, 몽상, 몽유, 분리불안, 이탈 등과 같은 말들은 단순한 상태의 반응이 아니라 특별한 심리를 바탕으로 한 특별한 반응이다. 그렇게 특별한 심리와 태도를 내포한 말 자체만으로도 미묘한 심리적 상태나 미묘한 존재론적 몸짓을 부여받기 때문에 우리는 그런 말들에게 예민한 관심을 가질 필요가 있다.

만약 '집착'에 대해 시조를 쓴다면 어떤 상상을 펼쳐야 할까? 사람이 사람에게, 사람이 물건에게, 사람이 동물이나 식물에게 집착하는 것은 너무 뻔하다. 그러니 예상치 못한 것에 집착을 하거나 특별한 것에 집착을 해야 한다. 예를 들어 "나는 어머니에게 집착한다"라는 상상을 하는 것보다 "나는 어머니의 뒷모습에 집착한다"가 더 특별한 상태가 된다. 이것을 더더욱 특별하게도 만들 수 있다. "나는 6살 저녁을 지금도 집착한다./ 손을 놓은 건 어머니가 아니라 어둠이었다"와 같이 10년 전 나 자신에게 집착해도 좋고, 철학책 103페이지 두 번째 줄에 집착해도 좋다. 상징성이 있는 북쪽에 집착하거나 타일에 집착하거나 검정에 집착하거나 9층에 집착하거나 바이러스에 집착하거나 화요일에 집착하는 것도 나쁘지 않다.

그밖에 특별한 태도나 상태를 나타내는 말도 마찬가지다. 예상치 못한 것과 맞물릴 때 비로소 나만의 형상을 가진 시조가 탄생하게 되는 것이다.

<추천 예문>

밑줄 사용처

김제숙

한 자락 달빛 당겨 머리맡에 걸어두고
읽던 책 펼쳐서 떠듬떠듬 길을 가다
내 삶의 빈 행간 채울 밑줄을 긋는다

한눈팔다 깨진 무릎 상처가 저문 저녁
난독의 삶 어디쯤에 밑줄을 그었던가
헛꽃만 피었다 스러진 내 사유의 빈 집

기울은 어깨 위에 허기 한 채 얹고서
다 닳은 더듬이로 하나씩 되짚어 가며
접어둔 밑줄을 꺼내 내 미망을 꿰맨다

— 2018년 매일신문 신춘문예 당선작

## 스크랩

이희정

건장한 헤드라인에 낱낱이 포위되어
포지션 따라 줄 맞춘 활자들 그 사이
예각의 커터 칼날이 가로지른 행간들

이슈가 이슈를 실시간으로 덧칠한
지면마다 시시비비 들끓는 파열음에
팩트는 구겨진 채로 무혈의 접전이다

전모가 드러난 가십은 접어 두고
목적지에 소환될 진술은 따라간다
치명적 오독이 없는 재활의 분리수거

― 2019년 경상일보 신춘문예 당선작

## 키오스크(Kiosk)

윤종영

일하다 밥 때 놓쳐 식당에 들어가니
반기는 사람 없고 무표정 기계들뿐
화면에 다양한 음식 단정하게 놓여 있다

유심히 훑어보며 빠르게 탐색한다
쉽지 않은 음식 주문, 사라지는 시장기
두 손은 공손해지고 식은땀이 흐른다

안내문을 읽고서야 터치를 겨우 한다
카드로 결제하고도 두렵고 어색하다
전광판 낯선 배식구 멀거니 바라본다

— 2020년 뉴스N제주 신춘문예 당선작

## 나의 아나키스트여

박시교

누가 또 먼 길 떠날 채비하는가 보다
들녘에 옷깃 여밀 바람 솔기 풀어놓고
연습이 필요했던 삶도 다 놓아 버리고

내 수의(壽衣)엔 기필코 주머니를 달 것이다
빈손이 허전하면 거기 깊이 찔러 넣고
조금은 거드름 피우며 느릿느릿 가리라

일회용 아닌 여정이 가당키나 하든가
천지에 꽃 피고 지는 것도 순간의 탄식
내 사랑 아나키스트여 부디 홀로 가시라

—『아나키스트에게』, 고요아침, 2011.

< 직접 써 보세요 >

*여기서 제시하는 단어를 바탕으로 시조 쓰기 3단계를 채워 넣은 다음 시조를 한 편 창작하시오.

— 제시 단어: 집착, 애착, 편애, 관계망상, 자기 소외, 몽상, 몽유, 분리불안, 이탈 등 (이 밖에 특별한 태도나 상태를 표현하는 단어 중에서 나만의 시적 메시지를 담을 수 있는 것이면 다른 것을 바탕으로 써도 된다. 꼭 이 단어를 제목으로 하지 않아도 된다.)

|  | 시조 쓰기 3단계 적용 |
|---|---|
| 1. 단계<br><br>스스로 점검하기<br>메시지 분명히 하기<br>+<br>내 시조만의 장점 찾기 |  |
| 2. 단계<br><br>객관적 상관물(현상)을 찾기<br>+<br>관찰과 조사 정밀하게 하기 |  |
| 3. 단계<br><br>확장하기<br>상상적 체험을 섬세하게<br>극적으로 하기 |  |

## 11. 상상 테마9 _ 상징적 요소를 바탕으로 상상하며 시조 쓰기

### @소재나 모티브가 갖는 특징과 상상 적용 방법

상징은 추상적인 사실이나 생각, 느낌 따위를 대표성을 띤 기호로 나타내거나 구체적인 사물을 끌어와 암시하는 일을 말한다. 상징 자체가 '구체적인 사물'이나 감각화된 표상을 활용하는 방식이기 때문에 구체성 획득에 무난하고 암시성도 자연스럽게 담을 수 있는 장점을 가지고 있다.

상징은 그리스어 'symbolon'에서 유래되었는데 함께 혼합된 것이나 식별 기호라는 의미를 갖는다. 이 말에서 알 수 있는 특징이 바로 비유와의 차이점이다. 비유는 원관념과 보조 관념과의 관계가 1:1로 맞물리는데 상징은 원관념과 보조 관념의 관계가 多:1의 관계를 형성한다. 예를 들어 '당신의 생각은 어둠이다'라는 비유가 있을 때 원관념은 '당신의 생각'이고 보조 관념은 '어둠'이 된다. 거기에 비해 상징은 원관념이 여러 개가 혼합된 형태를 띤다. '십자가'라는 상징물의 경우 원관념이 기독교, 예수, 교회, 성경 등의 혼합된 의미를 동반한다. 그리고 비유는 원관념과 보조 관념 사이 유사성에 근거해서 만들어지지만 상징은 우연성에 의해 만들어진다. '당신의 생각'과 '어둠'은 모두 밝지 못한 상태라는 유사성을 갖는다. 하지만 '십자가'와 기독교, 예수, 교회, 성경은 애초에 유사성이 거의 없다. 예수가 '십자가'(그 시대 형벌 제도)에 못 박혀 죽었다는 우연성 때문에 십자가가 상징으로 쓰인 것이다. 그래서 상징은 초논리적인 매개성을 갖는다.

일상 속에서 상징을 우리는 쉽게 찾아볼 수 있다. 수많은 회사의 로고가 바로 상징이다. 로고 하나로 그 회사와 그 회사에서 만든 물건과 그 회사와 관계된 사람과 건물 등을 나타낸다. 신호등도 마찬가지다. 초록불은 '지나가도 된다' '통과' '안전' 등의 의미를 함의하는 상징이다. 그런데 시조에서 말하는 상징은 그런 일반적인 로고나 기호와는 다른 성질을 갖는다. 시조에서 상징은 일반적인 의미(지시적 의미, 사전적 의미)와 결합되지만 일반적 의미에 한정되지 않고 시인이 새롭게 드러내고자 하는 어떤 행위나 어떤 상태를 포괄하면서 이루어진다. '아버지는 밤마다 뱀이 되었다'라는 상징적 표현이 있다고 했을 때 '뱀'은 징그러운 파충류라는 일반적인 의미를 포함해서 아버지가 갖는 교묘함, 은밀함 등을 포괄적으로 표상한다.

시조에서 상징을 쓸 때 주의해야 할 것은 이미 익숙해진 상징(죽은 상징)이 아니라 시인이 새롭게 창출한 개별적 상징을 써야 한다는 것이다. 이미 비둘기는 평화를, 양은 순한 존재를, 눈물은 고통과 고난을 상징하고 있는데, 그것에 기대어 상징을 쓴다면 신선한 상징이 절대 될 수 없다. 낯선 사물이나 현상을 끌어와 상징화시키는 연습을 해야 한다.

어머니를 상징하는 것을 낯설게 상상해 보자. 바다, 강, 화분, 나무, 바위, 태양, 달, 별, 저녁 등은 너무 뻔해서 신선하지가 않다. 우리가 일반적으로 익히 알고 있는 어머니의 포용력 있는 상태나 희생적인 모습을 암시하기 때문이다. 계단이나 얼음, 백지, 서쪽, 목요일 등이 어머니를 상징한다면 이야기는 달라진다. 그렇게 예상치 못한 것들이 어머니를 상징해야 낯설게 하기로써의 상징이 이루어진다. "아버지 몸속에 십자가가 살고 있다/ 월말이 될 때마다 살아나는 십자가/ 그 시절 셋방 구석에선 부끄러움이 취하곤 했다"('십자가' 상징) 간단히 적어본 상징의 예시지만, "어머니는 처음부터 커다란 화분이었다/ 어떤 것을 심어도 품은 채 키워냈다"('화분' 상징)와 같은 상징보다는 훨씬 더 신선한 느낌을 전해준다.

<추천 예문>

## 감전사고

우은숙

정수리가 찌릿하다 고압의 전류다

눈썹이 떨리고 망막이 흐려지더니

이제는 숨을 쉴 수 없다 풀썩 주저앉는다

급소를 후려치는 냉철한 문장들이

서릿발 행간 속에 번개같이 내리친다

아뿔싸 한밤의 혼절 녹아내리는 나의 뽈

내 뽈은 형체 없이 무너진다 무질서다

비루해지지 않으려 애쓰면 애쓸수록

몸속에 섬광으로 피는 내 안의 감전사고

―《정형시학》, 2020년 겨울호.

## 딸랑딸랑

임채성

남자는 죽을 때까지 방울을 울려댄다

한 푼 줍쇼
한 번 줍쇼
쉴 새 없이 딸랑거리며

세상과 사람 사이를 잰걸음으로 오간다

내 가랑이 밑쪽에도 딸랑이가 자라났다

아버지 눈을 감고
방울소리 끄신 그 날

태곳적 사내의 숙명 대물림되고 있었다

— 『야생의 족보』, 시인동네, 2022.

## 흰 뼈만 남은 말들이

정혜숙

복면을 한 사람들이 저물도록 걷는다
눈으로만 하는 말은 난해한 시와도 같아
도무지 읽히지 않는다
우린 서로를 모른다

고립무원의 날들이다
침묵이 하염없다
이곳이 어디쯤인지 얼마나 가야 하는지…
흰 뼈만 남은 말들이
천지간에 가득하다

─《정형시학》, 2021년 봄호.

< 직접 써 보세요 >

*여기서 제시하는 단어를 바탕으로 시조 쓰기 3단계를 채워 넣은 다음 상징이 들어간 시조를 한 편 창작하시오.

— 제시 단어: 방, 벽, 집, 광장, 송곳, 가방, 새, 태양, 달, 밤, 검정, 파랑, 빨강, 노랑, 책, 페이지, 도서관, 숲, 강, 바닥, 노래, 알코올, 알약, 고속도로, 심장, 종이 등 (이 밖에 나만의 시적 메시지를 담을 수 있는 것이면 다른 것을 바탕으로 써도 된다. 꼭 이 단어를 제목으로 하지 않아도 된다.)

|  | 시조 쓰기 3단계 적용 |
|---|---|
| 1. 단계<br><br>스스로 점검하기<br>메시지 분명히 하기<br>+<br>내 시조만의 장점 찾기 |  |
| 2. 단계<br><br>객관적 상관물(현상)을 찾기<br>+<br>관찰과 조사 정밀하게 하기 |  |
| 3. 단계<br><br>확장하기<br>상상적 체험을 섬세하게<br>극적으로 하기 |  |

## 12. 상상 테마10 _ 얼음 이미지로 상상하며 시조 쓰기

### @소재나 모티브가 갖는 특징과 상상 적용 방법

얼음과 관련된 단어를 바탕으로 비유적 상상력을 동원해 시조를 써도 좋은 작품이 탄생한다. 빙하, 유빙, 결빙, 눈사람, 북쪽, 남극, 북극, 얼음낚시, 영하, 아이스크림, 빙산, 냉장고, 냉동실, 드라이아이스, 살얼음, 쇄빙, 크레바스 등을 객관적 상관물로 만들거나 보조 관념화해서 써도 무난하다.

거기서 한발 더 나아가 신선한 상상력을 더 많이 동원해보자. 당신 앞에 무엇이든 얼릴 수 있는 특별한 냉장고가 있다. 언제 어디서 무엇을 어떻게 왜 얼릴 것인가? 상상해 보자. 먼저 추상적인 것을 떠올려 보자. 슬픔, 우울, 의지, 사랑, 이별, 분노, 집착, 애착, 집중, 서러움, 그리움 등을 얼려볼까? 시간이나 공간은 어떤가? 자정, 정오, 오후 3시, 저녁 7시, 찰나, 순간, 겨를, 때때로, 수시로, 오랫동안, 독방, 사물함, 운동장, 교실, 사무실, 식당, 트렁크 등을 얼려도 좋다. 그 밖의 얼릴 수 있는 것은 무궁무진하다. 노래, 리듬, 그림자, 발자국, 꿈, 악몽, 낮잠, 월요일, 화요일, 수요일, 목요일, 금요일, 토요일, 일요일, 울음 등 예기치 못한 것을 얼리면 상상이 더 낯설어진다. 이제 언제 얼릴 것인가 녹일 것인가 어느 공간에서 얼릴 것인가 녹일 것인가 어떤 방법으로 얼릴 것인가 녹일 것인가(예, 당신 선언에 날마다 밤은 얼어붙는다) 왜 얼릴 것인가 녹일 것인가에 대해서도 충분히 고민해보자.

<추천 예문>

## 쇄빙선

서숙희

우화를 꿈꾸는 나는 한 마리 갑각류
치명적인 욕망은 이미 극지에 들어
단 한 줄 비명까지도 안으로 가두었다

얼음마녀여, 더 단단히 주술을 걸어다오
거칠은 밧줄로 더 차갑게 결박해다오
두터운 그 침묵 앞에 절명시를 바쳤으니

거대한 한 덩어리 흰 문장을 다 깨고서
피 묻은 돛을 씻어 높푸르게 내걸면

마침내 소름처럼 돋는,
투명한
날개
날개

―『먼 길을 돌아왔네』, 푸른사상, 2020.

# 아이스플라워

조성국

귓속말은 창문에서 아주 먼 곳이어서
아직은 내 이름이 필 때가 아닌 거야

얼마나 투명할까요
엄마가 버린
색깔은

잠 속 깊이 들어가야 기억할 게 없겠지요
우는 법을 모르면 자라지 않을 거야
단단히 쥐었던 주먹
이제는 놓아야지

씨앗의 자세여야 기다릴 수 있을까요
안부를 모르도록 표정은 깎아내고
엄마가 부를 때까지
꽁꽁 숨어 있을래

─《정음시조》, 2021년 3호.

## 허들링

김종연

1분만 알을 놓쳐도 새끼를 지킬 수 없는

영하 50도의 혹한 속 펭귄들의 거룩한 동맹

모든 게 얼어붙어도 얼지 않는 세상 있다

— 『아프리카 부처님』, 알토란북스, 2021.

< 직접 써 보세요 >

*여기서 제시하는 단어를 바탕으로 시조 쓰기 3단계를 채워 넣은 다음 시조를 한 편 창작하시오.

― 제시 단어: 빙점, 빙하, 유빙, 냉동실, 냉동인간, 드라이아이스, 아이스크림, 고드름, 동사, 설인, 블랙아이스, 살얼음, 서리 등(이 밖에 나만의 시적 메시지를 담을 수 있는 것이면 다른 것을 바탕으로 써도 된다. 꼭 이 단어를 제목으로 하지 않아도 된다.)

|  | 시조 쓰기 3단계 적용 |
|---|---|
| 1. 단계<br><br>스스로 점검하기<br>메시지 분명히 하기<br>+<br>내 시조만의 장점 찾기 |  |
| 2. 단계<br><br>객관적 상관물(현상)을 찾기<br>+<br>관찰과 조사 정밀하게 하기 |  |
| 3. 단계<br><br>확장하기<br>상상적 체험을 섬세하게<br>극적으로 하기 |  |

## 13. 상상 테마11 _ 특정 사람 관련 명칭으로 상상하며 시조 쓰기

### @소재나 모티브가 갖는 특징과 상상 적용 방법

일반적인 인칭 말고 특별한 상징성이나 암시성을 갖는 고유한 인칭 명사를 생각해 보자. 뭉크, 마그리트, 보들레르, 고흐, 쇼팽, 슈베르트, 모차르트, 랭보, 아인슈타인, 연암, 정약용, 이중섭 등. 이런 이름들은 그 자체로 막강한 내포성이 있기에 우리는 종종 특별한 고유명사라고 여기고 그 이름들을 끌어와 시조를 쓴다. 또한 직접적인 이름은 아니지만 특별한 상태에 놓인 사람을 지칭하는 명사도 자주 활용되어서 시조의 활력을 불어넣는다. 애인, 이방인, 난민, 방관자, 주동자, 노마드, 아나키스트, 지하생활자 등이 바로 그런 명사에 해당한다.

이런 명칭으로 시조를 쓸 때 두 가지가 우선 충족되어야 한다. 하나는 그 명칭을 끌어온 '나'의 특별한 정서 상태가 확보되어 있어야 하고, 또 하나는 그 대상이 가진 상징성을 특별하게 인지하되 상징성 자체에 갇히지 않는 센스가 필요하다. 우선 왜 '나'가 그 명칭을 바라보고 사유하는지를 명확히 인식해야 한다. 그런 후 특별함을 품고 있는 명칭을 '나'의 상황과 자연스럽게 신선하게 맞물리게 해야 한다. 상징에 기댄 듯 기대지 않은 듯 명칭을 따와서 '나'의 정서적 맥락에 기여하도록 만들면 되는 것이다.

그런 상황에서 상상을 신선하게 적용하면 나만의 시조가 탄생한다. "자학을 좋아하는 내 심장 속엔 고흐가 산다/ 자폐와 허무로 가득 찬 뒤틀린 방/ 고흐의 잘린 귀가 되어 중얼거림을 듣고 있다" "어머니 무덤 옆에 보들레르를 심는다" "애초부터 나는 나에 대한 방관자다" "아나키스트처럼 떠도는 것은 구름이 아니라/ 일요일 아침 십자가 아래에서 헐떡이는/ 부활한 나의 우울이다 나의 자의식이다"와 같은 상상을 적용하면 시조가 낯설게 되고 나만의 세계를 훨씬 더 다채롭게 펼칠 수 있게 된다.

<추천예문>

세신사

이현정

조각가가 꿈이었던 팔목 굵은 사내는
대리석 목욕대 위 모델을 흘깃 보고
한 됫박 첫물 뿌리며 데생을 시작한다

한때는 눈부셨던 세차장 사장도
지금도 눈부신 성형외과 의사도
실상은 꼼짝 못하고 몸을 맡긴 피사체

깔깔한 때수건 조각도처럼 밀착시켜
핏줄까지 힘주어 묵은 외피 벗겨내면
곧이어 환해진 토르소, 두 어깨 그득하다

수증기 송송 맺힌 목욕탕 한 편에서
날마다 극사실주의 석고 깎는 조각가
두 손은 북두갈고리 거친 숨을 뱉는다

― 2019년 매일신문 신춘문예 당선작

# 무사의 노래

김현주

갑옷도 투구도 없이 전장으로 오는 장수
식당 문 왈칵 열며 "칼 좀 가소, 칼 갈아요"
허리를 걷어 올린 채 이미 반쯤 점령했다

무딘 삶도 갈아준다, 너스레를 떨면서
은근슬쩍 걸터앉아 서걱서걱 칼을 민다
삼엄한 적군을 겨누듯 눈은 더욱 빛나고

칼끝을 가늠하는 거친 손이 뭉텅해도
날마다 무림고원 시장골목 전쟁터에서
비릿한 오늘 하루를 토막 내는 시늉이다

적군이 퇴각하듯 자꾸만 허방 짚는
가장의 두 어깨가 칼집처럼 어둑해도
생의 끈 날을 세우며 바투 겨눈 하늘 한 쪽

― 2018년 부산일보 신춘문예 당선작

## 바둑 두는 남자

김샴

쉰다섯의 전장까지 판판이 패자였다
실패한 한 중년의 마지막 한 판 승부
밀리면 더 갈 곳 없는 종점에 서 있었다.

이겨도 얻어내는 전리품은 없었지만
함몰된 눈알 가득 불꽃들 살아 튄다
세상에 남길 유흔이 살아있는 눈빛이듯.

마지막 외통수가 비수로 남았을 때
찌르지 못한다면 찔려야 했었기에
파르르 손이 떨리던 일대기가 끝났다.

여름옷 입은 채로 한 겨울에 발굴됐다
바둑 두는 남자의 노숙터 부장품은
살아서 빛나던 한때 아버지란 칼 한 자루.

— 2013년 중앙일보 신인문학상 당선작

< 직접 써 보세요 >

*여기서 제시하는 단어를 바탕으로 시조 쓰기 3단계를 채워 넣은 다음 시조를 한 편 창작하시오.

— 제시 단어: 뭉크, 마그리트, 보들레르, 고흐, 쇼팽, 슈베르트, 모차르트, 랭보, 아인슈타인, 연암, 정약용, 이중섭, 애인, 이방인, 난민, 방관자, 주동자, 노마드, 아나키스트, 지하생활자 등(이 밖에 나만의 시적 메시지를 담을 수 있는 것이면 다른 것을 바탕으로 써도 된다. 꼭 이 단어를 제목으로 하지 않아도 된다.)

|  | 시조 쓰기 3단계 적용 |
|---|---|
| 1. 단계<br><br>스스로 점검하기<br>메시지 분명히 하기<br>+<br>내 시조만의 장점 찾기 |  |
| 2. 단계<br><br>객관적 상관물(현상)을 찾기<br>+<br>관찰과 조사 정밀하게 하기 |  |
| 3. 단계<br><br>확장하기<br>상상적 체험을 섬세하게<br>극적으로 하기 |  |

## 14. 상상 테마12 _ 스포츠 관련 용어로 상상하며 시조 쓰기

### @소재나 모티브가 갖는 특징과 상상 적용 방법

삶은 언제나 실전이다. 어쩌다 연습이 주어지긴 하지만 연습조차 실전의 한 양상이니 삶은 팽팽한 긴장과 휴식과 경쟁의 연속이다. 그런 점에서 스포츠와 삶은 많이 닮아 있다. 눈에 보이지 않는 자신만의 경기장에서 이기는 자와 지는 자, 관망하는 자, 판정하는 자를 모두 만난다. 포지션을 만드는 자, 포지션을 바꾸는 자, 포지션을 고집하는 자들도 만난다. 모두 현실 속에서 만나는 또 하나의 '스포츠'다. 그렇기 때문에 비유적 상상력이 동원돼서 스포츠와 관련된 시조가 종종 창작된다.

나이 제한에 걸려 마지막 대기업 면접을 보는 취준생의 상황은 9회 말 2아웃에 등판한 투수나 타자의 상황과 비슷하다. 처음부터 끝까지 혼자 싸워야 하는 상황에 놓인 사람은 혼자서 모든 연기를 보여줘야 하는 체조 선수의 상황과 유사하다. 주목받는 삶을 살지 못한 채 현역에서 물러나야 하는 늙은 아버지는 어떤가. 2군 코치만 오래 하다가 은퇴하게 된 사람과 비슷하지 않은가. 대리운전기사는 야구 경기에서 가끔 나오는 대타와 비슷하고, 자신 때문에 불행해진 상황에 놓인 가족을 바라봐야만 하는 가장은 승부차기에서 골을 먹은 골키퍼의 심리적 맥락과 비슷하다. 이렇게 스포츠는 우리네 삶의 국면을 순간순간 대변한다.

스포츠 이미지로 비유적 상상력을 펼칠 때 주의할 게 있다. 스포츠 상황 전체를 한발 물러나 전지적 입장에서 바라보면 안 된다는 것이다. 그러면 경기의 양상만 보게 되고 극적인 순간에 자리한 본질적인 존재성이나 심리 상태를 놓치게 된다. 예컨대 축구 경기를 관중의 입장에서만 바라보게 되면 단순히 이기는 자와 지는 자만 보이게 된다. 그런데 순간순간에 서린 심리 상태나 존재론적인 몸짓을 당사자가 되어 체험하게 되면(밀착하게 되면) 개별화된 존재성이나 개별화된 근원성을 발견할 수 있다.

&lt;추천 예문&gt;

탁구

이지엽

세상에 이리 기막힌 우연이 있을까요
코너의 각도에서 낙하하는 에지볼
누구도 받아낼 수 없는 찰나의 행운 같은

살짝 걸려 톡 떨어진 저 얄미운 네트볼
잘 나가던 대화가 순식간 어그러집니다
엇박자 관성의 법칙 몸이 말을 안 듣습니다

내리꽂는 스트라이크 커브볼에 스매싱
듀스에 매치포인트 숨 막힘도 있습니다
작은 공 짜릿한 역전, 삶이 거기 있습니다

— 이승은, 이정환, 오승철, 이지엽 외, 『80년대 시인들 vol. 2』, 고요아침, 2019.

## 청명한 미래

박시교

어느 가을 강원도 산골 학교 운동회 날

    탕! 달리기 경주 신호가 울리고 저마다 일등을 하려고 힘껏 내달리던 아이들이 어느 순간 누구나 할 것 없이 멈칫멈칫 한다. 웬일? 저만치 뒤쳐져 뒤뚱뒤뚱 달려오는 장애동무가 가까스로 일행 무리에 다다르자 누가 먼저랄 것 없이 서로 어깨를 걷고 하낫 둘! 하낫 둘! 함께 나란히 결승선에 들어섰다. 이 가슴 저린 광경 지켜보던 모두들 박수를 치고 와와! 함성 내지르며 환호와 감탄 연발

    만국기 휘날리는 하늘 눈부시게 참 맑다

    —《발견》, 2018년 여름호.

## 그 쇠공이 구르는 법

이중원

스무 년 치 스스로를
양손으로 모아잡고
굽힌 허리 교육처럼
뻗은 팔은 계획대로
완벽한 스트라이크,
알람에 꿈을 깬다

'이미'란 한 마디에
발끝이 걸려서는
일상은 공중묘기
데굴데굴 굴러가기
저만치 멀어져만 가는 볼링핀을 쫓아서

희망이 무첨가된
4분기 점수판에도
잘 닦인 소개서를
온 힘껏 굴려보냈어
트랙에 닿기 직전을
반짝이기 위하여

— ≪시와문화≫, 2017년 겨울호.

< 직접 써 보세요 >

*여기서 제시하는 단어를 바탕으로 시조 쓰기 3단계를 채워 넣은 다음 시조를 한 편 창작하시오.

— 제시 단어: 인저리 타임, 대타, 대주자, 후보 선수, 우익수, 좌익수, 후반전, 연장전, 타이틀, 골키퍼, 4번 타자, 9번 타자, 2군, 3군, 바통, 허들, 체조, 2루수, 복식, 단식, 낙법, 운동장, 미드 필드, 네트, 9회 말, 복서, 판정, 은퇴 등(이 밖에 나만의 시적 메시지를 담을 수 있는 것이면 다른 것을 바탕으로 써도 된다. 꼭 이 단어를 제목으로 하지 않아도 된다.)

|  | 시조 쓰기 3단계 적용 |
|---|---|
| 1. 단계<br><br>스스로 점검하기<br>메시지 분명히 하기<br>+<br>내 시조만의 장점 찾기 |  |
| 2. 단계<br><br>객관적 상관물(현상)을 찾기<br>+<br>관찰과 조사 정밀하게 하기 |  |
| 3. 단계<br><br>확장하기<br>상상적 체험을 섬세하게<br>극적으로 하기 |  |

# 15. 상상 테마13 _ '~처럼' 문구를 바탕으로 상상하며 시조 쓰기

## @소재나 모티브가 갖는 특징과 상상 적용 방법

'시는 비유다'라고 말할 정도로 시조 창작에서의 비유는 중요한 위치를 차지한다. 시조는 원관념(처음 표현하고자 했던 관념)만으로 표현해도 무방하다. 그런데 우리가 보조관념을 끌어들여 비유를 활용하는 이유는 보조관념이 원관념을 더욱 더 생생하게 부각시켜주거나 환기시켜주는 힘을 갖고 있기 때문이다.

그 비유 중에서 직유(直喩)는 원관념과 보조관념 사이에 유사한 성질을 직접 대응시켜 비유하는 방법을 말한다. 직접 대응이라는 뜻은 숨김이나 에둘러 말함이 없이 매우 직접적으로 곧바로 빗대어지는 것을 말한다. 잘 알다시피 직유법에서는 '~처럼' '~같이' '~듯' '~인양' 등의 익숙한 표현이 연결고리처럼 사용된다. 그래서 직유는 쉬운 비유법 중의 하나다. 그러나 방법이 쉬운 데도 신선하게 구사하기는 매우 어렵다. 누구나 쉽게 활용할 수 있는 '보편적 유사성'에 빗대어 비유하다 보면 진부한 느낌을 주고, 어디서 본 듯한 인상을 심어주기 때문이다. 그러니 참신한 비유가 되게 하려면 '보편적 유사성'에서 벗어나 '개별적 유사성'에 기대어 표현해야 한다.

그 직유의 연결고리 중에서 '~처럼'을 낯설게 활용해 시조를 쓰면 신선한 나만의 작품을 탄생시킬 수 있다. 이때 생각해야 할 것은 두 가지다. 하나는 직유가 신선해야 한다는 것이고, 또 다른 하나는 그 직유적 상상력을 동원해서 표현하려고 하는 존재의 내면이나 존재성이 '개별화'되어 있어야 한다는 것이다. 누구나 느끼는 일반적인 간절함을 가진 대상의 존재 양태가 아니라 그 대상만이 가진 간절함을 드러낸 존재 양태가 부각되어야 한다.

신선한 '~처럼'을 구사하려면 보조관념을 절대 단순화시키면 안 된다. 예를 들어 '바람처럼'은 너무나 단순하다. 그런데 '한숨 속을 빠져나온 바람처럼'이나 '무덤 앞을 맴돌다 온 바람처럼'은 묘한 암시성을 갖는다. 원관념도 마찬가지다.

뻔한 상태에 놓여있는 심리적 문양이나 존재 양상을 표현하려고 해서는 안 된다. 미묘한 느낌을 주는 나만의 매력적인 지점을 원관념으로 설정해야 한다. 이것은 결코 여러 가지가 섞인 복잡성을 의미하지 않는다. 단순화시키지 않은 근원성과 본질성을 말하는 것이다.

 방법은 간단하다. 서로(원관념과 보조관념) 겹치는 유사성의 정도를 적게 잡으면 된다. 유사성이 2~10% 정도만 된다면 신선한 느낌을 줄 수 있다. "아버지처럼 서러웠다"보다는 "계단처럼 서러웠다." "달처럼 서러웠다." "유리처럼 서러웠다."가 훨씬 더 신선한 느낌을 주게 된다. 그렇다고 유사성이 0%이면 직유는 성립되지 않는다. 그러니 유사성을 최소화하는 방법으로 신선한 직유를 구사해야 한다.

&lt;추천예문&gt;

## 만년설 속눈처럼

정수자

히말라야 품은 돌을 몰래 집는 하산 길에
뒤따르던 포터가 팔을 툭 치더니만
싱그레, 안나푸르나를 만면으로 쥐어 준다

언뜻 홀린 잔돌일랑 흩산일세 내려놓고
그가 건넨 겹겹산 만 고랑을 품으며
만년설 순한 식솔의 속눈을 다시 보다

만 벼랑 만 능선에 평생 눈을 맞추면
숙여야만 오르는 돌계단쯤 콧노래고
오래된 마중들처럼 꽃도 솔솔 세우는지

새로 터진 물집들을 그래그래 타이르며
낮은 무릎으로 입 맞추듯 내려오니
신들의 난간을 닦는 구름 속도 만 겹이다

—『파도의 일과』, 걷는사람, 2021.

## 정물화처럼

김영란

온종일 전화벨이 울리지 않았어
고요를 갉아먹는 벽시계 초침 소리
펼쳐둔 팔레트에는 긴 침묵이 묻어 있어

묵직한 황색 문이 열리면 좋을 텐데
먼지 낀 유리창으로 계시처럼 들어온 빛
오래된 질문지처럼 그냥 앉아 있었어

―『누군가 나를 열고 들여다 볼 것 같은』, 시인동네, 2020.

## 외로운 개츠비처럼*

김연미

가파도 등대불빛 그녀의 눈빛 같다
이중 화산 벼랑에서 바다쪽으로 매달린
오래된 소나무 가지 실루엣만 남을 때

사계의 불빛들이 파티를 준비한 밤
송악산 둘레길로 시월처럼 오는 남자
섬의 끝 손을 내밀어 그리움을 만진다

단 하나의 사랑은 이생의 모든 목적
수만년된 어둠을 역광으로 드리우다
오늘쯤 불을 밝히고 나를 드러내고 싶다

*스콧 피츠제럴드의 <위대한 개츠비> 차용

— 《오늘의시조》, 2021년 제15호.

< 직접 써 보세요 >

*이질적인 것들의 결합으로 유사성이 이루어진 자신만의 '~처럼'을 바탕으로 한 편의 시조를 창작하시오. 반드시 시조 쓰기 3단계를 채워 넣은 다음 쓰시오.

— (제목에서 꼭 '~처럼'이 안 들어가도 됩니다.) 신선하게 나만의 직유를 사용하는 방법 중에는 보조관념을 개별화된 상황으로 길게 표현하는 방법도 있다. "꽃 한번 피우지 못하고 말라 죽은 선인장처럼"이나 "대출이 없어 먼지를 뒤집어쓴 책처럼"이라고 표현하면 매우 개별화된 정황을 나타낼 수 있다.

| | 시조 쓰기 3단계 적용 |
|---|---|
| 1. 단계<br><br>스스로 점검하기<br>메시지 분명히 하기<br>+<br>내 시조만의 장점 찾기 | |
| 2. 단계<br><br>객관적 상관물(현상)을 찾기<br>+<br>관찰과 조사 정밀하게 하기 | |
| 3. 단계<br><br>확장하기<br>상상적 체험을 섬세하게<br>극적으로 하기 | |

## 16. 상상 테마14 _ '○○의 방식'으로 상상하며 시조 쓰기

### @소재나 모티브가 갖는 특징과 상상 적용 방법

    방식은 일정한 방법이나 형식을 의미한다. 이 방식 안엔 과정과 결과가 있고 원인이 내재되어 있다. 당연히 삶의 모든 순간순간도 방식에 의해 이루어진다. 완전한 무(無)가 되기 전까지 사람을 포함한 우주의 모든 대상이나 현상은 방식에 의해 생로병사를 겪다가 소멸한다. 그렇기에 방식을 섬세하게 관찰하고 사유하면 거기에서 비롯된 존재론적인 의미나 심리적 맥락을 캐치할 수 있다. 그러니 생의 순간순간을 담당하고 있는 방식을 유심히 살펴볼 필요가 있다.

    방식을 활용해 상상을 펼칠 때에는 우리가 이미 알고 실천하고 있는 방식을 떠올려서는 안 된다. 예상치 못한 것들의 특별한 방식을 떠올려야 한다. 예컨대 놀이의 방식이나 화분에 식물을 키우는 방식, 꽃을 피우는 방식은 익숙한 방식이지만 기억으로부터 달아나는 방식이나 태양을 저주하는 방식, 종이와 이별하는 방식, 파랑을 사랑하는 방식, 유리에게 고백하는 방식, 봄의 심장을 만나는 방식, 검은 새가 흰 새를 추모하는 방식, 낙타를 사랑한 선인장의 방식 등은 흔하지 않은 방식이다. 그렇게 흔하지 않은 것들의 방식을 상상력을 동원해 떠올려 보고, 그것들이 가진 근원성이나 본질성을 나만의 시선을 통해 잡아낸다면 의미 있는 시조 한 편을 쓸 수 있다.

\<추천 예문\>

### 잠금의 방식

표문순

몸의 무늬들이 암호로 지정되었다
일종의 생체라는 눈과 손, 정맥까지
그것은 스마트하다며 안전성을 표방했다

오늘따라 전화기는 손가락을 읽지 못해
자꾸만 삐익삐익 부저를 울려대고
전송된 이야기들은 베일에 싸여있다

잘 잠가야 잘 열수있는 안드로이드 세상은
얼룩으로 뒤덮여있는 화면을 조정하며
기록된 무늬 속에서 열쇠를 찾고 있다

— 《시조시학》, 2021년 여름호.

## 면접의 방식

윤종남

서류 심사 뽑혔다고 면접 보러 나오란다
신나는 문자 한 통, 세상을 다 가진 듯
이력서 쉴 새 없이 보낸
그날들이 아련하다

조금은 젊게 보일까, 단정한 옷차림에
결코 떨지 않으리라 다짐했던 그 각오는
면접관 앞에 섰을 때
어디로 다 사라졌나

떨어져 돌아오며 풀꽃들을 면접한다
낙하산 기능보유자 민들레, 너는 합격
동생을 들쳐 업고 온
옥수수야, 너도 합격

키가 큰 미루나무 경비실에 착 붙었고
바늘 가진 소나무는 봉제공장 취직했네
솥뚜껑 운전하는 나,
투 잡 이리 어렵구나

—《시조21》, 2021년 여름호.

## 을이 살아가는 방식

김석이

한 발짝 뒤에 서서 소리 없이 걸어갈 것
보고도 못 본 척 하며 있어도 없는 척하며
불만을 내뱉지 말 것, 꾹 꾹 눌러 삼킬 것

무딘 칼 휘두르며 진두를 지휘해도
갑에게 갑이라는 갑옷을 입혀주며
당신이 최고입니다 명패까지 달아준다

진흙을 칠갑해도 하얀 이 드러내며
웬만한 걸림돌은 징검돌로 바꿔 놓고
참으며 살아온 날들 판소리에 얹는다

―『심금의 현을 뜯을 때 별빛은 차오르고』, 세종출판사, 2021.

< 직접 써 보세요 >

*여기서 제시하는 단어나 구절을 바탕으로 시조 쓰기 3단계를 채워 넣은 다음 시조를 한 편 창작하시오.

— 제시 단어: 구름의 방식, 기억의 방식, 아웃사이더의 방식, 새엄마의 방식, 탈퇴의 방식, 인형의 방식, 안개의 방식, 악몽의 방식, 선인장의 방식, 여름의 방식, 기억으로부터 달아나는 방식이나 태양을 저주하는 방식, 종이와 이별하는 방식, 파랑을 사랑하는 방식, 유리에게 고백하는 방식, 봄의 심장을 만나는 방식, 검은 새가 흰 새를 추모하는 방식 등.

| | 시조 쓰기 3단계 적용 |
|---|---|
| 1. 단계<br><br>스스로 점검하기<br>메시지 분명히 하기<br>+<br>내 시조만의 장점 찾기 | |
| 2. 단계<br><br>객관적 상관물(현상)을 찾기<br>+<br>관찰과 조사 정밀하게 하기 | |
| 3. 단계<br><br>확장하기<br>상상적 체험을 섬세하게<br>극적으로 하기 | |

## 17. 상상 테마15 _ 시간성을 바탕으로 상상하며 시조 쓰기

### @소재나 모티브가 갖는 특징과 상상 적용 방법

우리는 살아가면서 의미 있고 매력적인 시간이나 절기, 계절 등을 맞이하는 경우가 많다. 그런 순간이 다가오거나 스쳐 지나가면 우리의 뇌는 특별한 기억의 형태로 저장하고, 살다가 비슷한 상황이 나타나면 불현듯 떠오르게 만든다.

시조를 쓸 때는 그런 특별한 시간성을 예민하게 받아들이고 증폭시키고 확장시킬 줄 알아야 한다. '아, 이 순간을 시조로 한번 써 볼까'하는 생각에 젖을 때가 있다면 그것을 메모하는 습관을 기르고 그것을 바탕으로 상상력을 동원해야 한다. 그렇게 되면 특별한 시간이 더더욱 특별해지게 된다. 예컨대 세월호 사건이 있었던 시간이 의미 있게 다가왔다면 그것을 상상을 통해 세월호가 바다가 아닌 내 심장 속으로 가라앉는 상황으로 바꾸어서 시조를 쓸 수 있다. 또한 간절기를 단순히 봄 여름 가을 겨울의 사이사이로만 인식하지 않고 상상을 통해 연애와 연애 사이의 시간이나 이승과 저승 사이의 시간, 말과 말 사이의 시간, 15살과 16살 사이의 시간 등으로 생각하면서 시조를 쓸 수 있다.

시간을 중요한 모티브로 설정할 때는 시간성이 개별 화자와 대상의 간절함과 맞물려야 한다. 왜 나는 그 시간을 중요하게 여기고 언술을 하는지에 대해서도 분명히 인식해야 한다. 막연한 느낌의 시간이 아니라 어떤 메시지를 표현하기 위한 시간인지에 대해 분명히 인식한 후 공간성과 사물성까지 확보한다면 구체적인 시조의 형상화는 수월하게 할 수 있다.

<추천 예문>

고장 난 시계 안에는 고장 난 시간이 없다

민병도

소풍이 끝났는가 시계가 멈춰 섰다
째깍째깍 함께하던 시간의 간이 숙소
은밀한 나와의 약속, 아랑곳하지 않는다

고장 난 시계에는 시간의 흔적이 없다
눈물의 그리움도 숨 막히던 꽃도 지고
솔개가 정지 비행하는 들판처럼 적막하다

제 갈길 물고 날던 흰나비는 어디 갔나
어머니 가신 방에 영정사진 환하지만
고장 난 시계 안에는 고장 난 시간이 없다

―『일어서는 풀』, 목언예원, 2021.

## 환절기를 걷다

김경태

1.
벚꽃은 흩날리고 떠나는 너의 뒷모습은
출항하는 바다에 비친 등불을 닮았다
괜찮다, 거짓말하며
돌아서는 발걸음

2.
도망치고 싶었다, 장마철이 지나면
다시,
돌아오겠다는 편지 속 글귀들이
책갈피 단풍잎처럼
말없이
부스러진다

3.
여민 옷깃을 풀고 달빛에 기대어 본다
푸른 입맞춤으로 타들어 가는 눈물을
지나는 이 계절 끝에
남겨 둔다,
바람이 차다

― 2020년 조선일보 신춘문예 당선작

## 눈깜짝할새

이은주

뒤로는 절대 못 날지 옆으로도 못가지
풍향계 화살표 같은 부리가 찍고 있는
정면을 뚫어버릴 듯
앞만 향해 퍼덕이지

대신 우는 자명종처럼 빈틈없고 한결같지
마음의 저항들을 유선으로 타넘으며
깐깐한 눈깜짝할새
왔던 길 다신 안 가지

— 《시조미학》, 2021년 가을호.

< 직접 써 보세요 >

*여기서 제시하는 단어를 바탕으로 시조 쓰기 3단계를 채워 넣은 다음 시조를 한 편 창작하시오.

— 제시 단어: 환절기, 간절기, 자정, 정오, 시차, 각종 요일, 각종 나이, 각종 월, 각종 절기, 각종 연도, 직전, 직후, '~의 시간' 등(이 밖에 나만의 시적 메시지를 담을 수 있는 것이면 다른 제시어를 바탕으로 써도 된다.)

|  | 시조 쓰기 3단계 적용 |
|---|---|
| 1. 단계<br><br>스스로 점검하기<br>메시지 분명히 하기<br>+<br>내 시조만의 장점 찾기 |  |
| 2. 단계<br><br>객관적 상관물(현상)을 찾기<br>+<br>관찰과 조사 정밀하게 하기 |  |
| 3. 단계<br><br>확장하기<br>상상적 체험을 섬세하게<br>극적으로 하기 |  |

# 18. 상상 테마16 _ 수많은 '처음'들로 상상하며 시조 쓰기

## @소재나 모티브가 갖는 특징과 상상 적용 방법

'처음'이란 단어가 주는 상상은 매번 특별하다. 기쁨, 슬픔, 분노, 황홀, 비굴, 집착, 외로움, 고독, 쓸쓸함, 흥분, 수치심 등과 같은 관념적인 단어 앞에 '처음' 글자를 접두사처럼 붙이기만 해도 시적 영감이 떠오른다. 처음 사랑, 처음 이별, 처음 상처, 처음 죽음, 처음 노래, 처음 절망, 처음 슬픔, 처음 바닥, 처음 분노, 처음 황홀, 처음 비굴, 처음 집착이라고 제목을 정했을 때 그 제목만 가만히 되뇌어도 시조를 시작하고 싶은 마음이 찾아온다.

이렇게 이 세상에서 개별자의 간절함을 반영할 수 있는 '처음'에 대해 이 장에서는 상상해 보자. 시조를 쓰는 사람의 경험 맥락에서 찾지 말고 상상의 맥락에서 찾아야 한다. 철저하게 화자 입장에서 상상적 체험을 한다면 경험할 수 있는 '처음'은 수없이 늘어나게 된다.

신선한 느낌을 더욱더 주는 시조를 쓰고 싶다면 인간이 느끼는 감정을 다른 존재가 느끼게 하면 된다. "난생처음 식물은 고독했다" "난생처음 바위는 쓸쓸했다" "오늘 밤 처음 고독은 고독으로부터 벗어나고 싶었다" 이런 식으로 상상을 발휘하면 된다.

<추천 예문>

## 첫눈 1

권혁모

첫눈은 하늘에서 오는 것이 아니란다
눈망울 속 고인 사랑이 홀씨로 떠다니다
연둣빛 당신 가슴으로
뛰어내리는 거란다

첫눈은 겨울에만 오는 것이 아니란다
해종일 반짝이다 소등한 자작나무 숲
목이 긴
기다림 끝에
등불 들고 오는 거란다

―『첫눈』, 좋은땅, 2021.

## 첫, 이라는 쓸쓸이 내게도 왔다

이승은

학습 없이 갖게 되는 처음의 감각이란

우리를 달뜨게 하고 한없이 불안케 한다

쓸쓸히 간절해지는 나이를 알게 한다

―『첫, 이라는 쓸쓸이 내게도 왔다』, 시인동네, 2020.

## 첫눈

이토록

날개가 부러진 새를 물고 너는 왔다
사그라진 불꽃이 이마에 어른거렸다
솜털이 입술을 덮어
모든 말이 묻힐 때

눈부시다
목덜미를 끌어안는 울음들
허공에서 허공으로 건너가는 영혼들
지금은
새의 주검이 눈썹 위에 쌓인다

아득하여라
스스로 울 수 없는 새를 물고
너는 또 다시 더 먼 곳을 보고 있다
바람이 희끗한 머리로
건너가는 텅 빈 저쪽

—《정음시조》, 2021년 3호.

< 직접 써 보세요 >

*여기서 제시하는 단어나 구절을 바탕으로 시조 쓰기 3단계를 채워 넣은 다음 시조를 한 편 창작하시오.

— 제시 단어나 구절: 처음 사랑, 처음 이별, 처음 상처, 처음 죽음, 처음 노래, 처음 절망, 처음 슬픔, 처음 바닥, 처음 분노, 난생처음 울었다, 난생처음 심장이 아팠다, 난생처음 식물은 고독했다 등(이 밖에 나만의 시적 메시지를 담을 수 있는 것이면 다른 제시어를 바탕으로 써도 된다.)

|  | 시조 쓰기 3단계 적용 |
|---|---|
| 1. 단계<br><br>스스로 점검하기<br>메시지 분명히 하기<br>+<br>내 시조만의 장점 찾기 |  |
| 2. 단계<br><br>객관적 상관물(현상)을 찾기<br>+<br>관찰과 조사 정밀하게 하기 |  |
| 3. 단계<br><br>확장하기<br>상상적 체험을 섬세하게<br>극적으로 하기 |  |

## 19. 상상 테마17 _ 연극적 요소로 상상하며 시조 쓰기

### @소재나 모티브가 갖는 특징과 상상 적용 방법

연극과 시조는 극적 장면을 모두 지니고 있다는 점에서 유사하다. 여기서 극적이라는 말은 연극의 클라이맥스처럼 팽팽한 긴장감과 감동적 요소를 품고 있다는 말이다. 그런 클라이맥스 같은 장면이 좋은 시조에는 많이 있다. 또 하나 더 유사한 점은 둘 다 삶의 중요한 국면이나 정황을 품고 있다는 점이다. 연극을 흔히 인생의 축소판이라고 부르는 이유가 여기에 있고 시조를 삶을 암시한 이미지의 축소판이라고 부르는 이유가 여기에 있다.

이렇게 시조와 유사점이 있는 연극적 요소에 상상을 덧입힌 후 시조를 쓰게 되면 삶의 국면과 삶의 정황이 자연스럽게 묻어나는 시조가 형성된다.

시조를 쓰기 전에 이런 재미있는 상상을 해보는 것이다. '00이 주인공인 무대' '00이 조연인 무대' '00이 소품인 무대' '00이 연출한 무대' 등등. 그럴 때 00의 자리에 슬픔, 고독, 고양이를 사랑한 고양이, 불면, 계단, 구름, 나무, 징검돌, 바이러스, 의자 등등을 넣어보자. 고독이 주인공인 무대, 고양이를 사랑한 고양이가 조연인 무대, 불면이 조연인 무대, 바이러스가 소품인 무대 등이 형성돼서 문구 자체만으로도 재미있는 영감이 떠오르게 된다. 이런 상상 말고도 'A 극장'과 관련된 상상도 해봐도 좋다. A의 자리에 다양한 의미를 암시한 단어를 넣어보자. 이별 극장, 아버지 극장, 창문 극장, 힙합 극장, B급 극장, 마우스 극장 등이 형성되어 신선한 시조가 탄생할 것 같은 예감이 찾아오게 된다.

<추천 예문>

갈등

김제숙

내용과 형식은 알맞을 때 사이가 좋다
굳게 다문 형식과 분방한 내용들을

긴 혀로 저울질하자
경계가 흔들린다


은유로 가려진 복선에 맞서보지만
내 가난한 용기는 여전히 열세다

균형은 일방적이어서
구설을 낳는다


매이고 싶거나 벗어나고 싶거나
충돌하는 욕망들은 행간에 숨어서

완벽한 결말을 향해
반전을 꿈꾼다

—『홀가분해서 오히려 충분한』, 시인동네, 2021.

## 전지적 지구 시점

류미야

이 극에 대하여는 평점을 사양느니,

제1막의 주인공은 망망대해 바위섬, 침묵의 대사를 절도 있게 연기하며 삭신이 해지도록 열연을 하고 있다 제2막의 주연은 눈길을 끄는 주목나무, 그늘 몇 번 흔들자 천 년이 훌쩍 간다 그 아래 끄덕이는 단역 전문 풀꽃들 — 관객 하나 안 든 날도 잎 하나 거르지 않는, 기실 이들이야말로 이 무대의 일등공신 — 일월과 성신이 조명으로 껐다 켜지면 한 천 년 또 흐르고 그때마다 투덜대며 지나가는 사람 1, 2……

　대본은 아직 집필 중
　결말은 알 수 없다

　—『아름다운 것들은 왜 늦게 도착하는지』, 서울셀렉션, 2021.

## 숲, 무대의 무의미에 대하여

배경희

무대는 숲이다 상수리가 등장한다

소나무, 화살나무, 생강나무 고전에서

매달려 있는 것들은 맥베스의 도토리처럼

화살도 생강도 그에게 이유 있는 적들

왕관이 되기 위해 햇빛을 먹어대고

괴물이 되어가는 당신 무서움도 잊어버린다

의자의 세계를 너무나 잘 알았을까

욕망의 잎잎이 그림자 없는 그림자로

당신의 꼭대기 의자는 무의미한 햇빛이다

— 《다층》, 2021년 봄호.

< 직접 써 보세요 >

*여기서 제시하는 단어나 구절을 바탕으로 시조 쓰기 3단계를 채워 넣은 다음 시조를 한 편 창작하시오.

— 제시 단어: 가면, 비극, 1막 1장, 파국, 소품, 클라이맥스, 카타르시스, 1인 극장 등의 단어로 쓰거나 '00이 주인공인 무대' '00이 조연인 무대' 00이 소품인 무대' '00이 연출한 무대' 등에서 '00'을 독특하게 설정한 다음 쓰시오.

| | 시조 쓰기 3단계 적용 |
|---|---|
| 1. 단계<br><br>스스로 점검하기<br>메시지 분명히 하기<br>+<br>내 시조만의 장점 찾기 | |
| 2. 단계<br><br>객관적 상관물(현상)을 찾기<br>+<br>관찰과 조사 정밀하게 하기 | |
| 3. 단계<br><br>확장하기<br>상상적 체험을 섬세하게<br>극적으로 하기 | |

## 20. 상상 테마18 _ 음악적 이미지로 상상하며 시조 쓰기

### @소재나 모티브가 갖는 특징과 상상 적용 방법

이 세상에 음악이 없다면 생은 단조롭고 평이함만을 유지할 것이다. 음악은 리듬이고 파동이다. 삶도 마찬가지다. 몸과 정신과 감각이 리듬을 타듯 오르락내리락하면서 '음악'과 같은 상태가 된다. 시조에 있어서도 음악적 요소를 통한 상상이 가능하다. 기발한 생각으로 예상치 못한 것이 리듬을 타게 만드는 상상을 해 보는 것이다. '00도 리듬을 탄다' '00도 음악이다'라고 했을 때 '00' 자리에 상상이 가미된 다양한 것을 넣어보는 것이다. 슬픔, 고독, 우울, 트라우마 등과 같은 관념어를 넣어 볼 수도 있지만 구체성이 있는 사물어를 넣어보는 것이 훨씬 좋다. 철봉, 운동장, 의자, 책, 문, 방, 거실, 지구, 바람, 유리, 거울, 마당, 새, 나무, 흙, 버스, 봄, 여름, 가을, 겨울, 공장, 기계, 물고기, 고래, 항구, 서쪽 등을 계속 넣어보다 보면 예상치 못한 느낌을 주는 구절을 만나게 된다.

특별한 음악을 지칭하는 용어도 좋은 상상의 재료가 된다. 예를 들어 레퀴엠이라는 장송곡을 가지고 상상을 한다면 '나의 귀에만 자꾸 들리는 레퀴엠'을 상상할 수도 있고, 사람이 아닌 존재의 레퀴엠을 떠올릴 수도 있다. '수요일을 위한 레퀴엠' '바람을 위한 레퀴엠' '바닥을 위한 레퀴엠' '포도를 위한 레퀴엠' '식탁을 위한 레퀴엠' 등 다양한 레퀴엠을 상상을 통해 만들어보자. 물론 또 다른 음악 용어인 야상곡이나 간주, 변주 등도 레퀴엠의 경우처럼 변용이 가능하다.

＜추천 예문＞

## 양두고(兩頭鼓)

유현주

어우르던 장구가 더운 숨을 토한다
생사의 경계선을 이랑인 듯 넘어와
울음을 되새김하여 소리로 환생한 소

옹차던 속 들어 낸 두 자 반 오동나무에
조임줄로 다시 묶여 코 뚫림을 당할 땐
북면을 힘껏 조이며 공명통을 안는다

사포를 쇠 빗 삼아 쓸어주는 조롱목
완강하던 고집이 세마치로 조율되고
긴장한 소릿결들이 평온하게 풀릴 즈음

옻 밥을 먹은 소가 밭갈이를 나선다
열채로 엉덩이를 가볍게 두드리자
덩더꿍, 변죽을 울리며 타령을 끌고 간다

— 2010년 매일신문 신춘문예 당선작

## 낡은 악보

이승은

젊은 날 악보에는 #과 b 천지였다
중간에 반음씩을 놓친 이유 알겠다
들뜨는
감정 때문에
음 이탈도 했었고

오늘이 어제 같고 내일은 오늘 같지
끙끙대며 속 태워도 내 앞의 도돌이표
지금도
돌아가는 중,
저기 다 보이는 길

―《공정한 시인의 사회》, 2021년 5월호.

# 음표를 읽다

백윤석

   # 높은음자리표
어머니 꼬인 심사 대청마루 널려있다
스란치마 치켜들고 문턱 고이 넘을 적에
아차차! 돌담을 넘어
나를 찾는 목소리

   # 온음표
분위기에 취한 봄밤, 헤살 놓는 시간 쪼개
깜냥껏 함께 부른 젊은 날의 세레나데
그냥은 돌아설 수 없어
돌연 훔친 그녀 입술

   # 8분음표
잔설 아직 꿀잠 자는 양지 녘 된비알에
외쪽의 잎새로도 피어 내는 꽃대 하나
무저갱 그 어둠 뚫고
왈칵! 문득, 봄이다

— 《나래시조》, 2021년 봄호.

< 직접 써 보세요 >

*여기서 제시하는 단어나 구절을 바탕으로 시조 쓰기 3단계를 채워 넣은 다음에 시조를 한 편 창작하시오.

— 제시 단어: '00도 리듬을 탄다', '00도 음악이다'라고 했을 때 '00' 자리에 상상이 가미된 다양한 단어를 넣어보고 시조를 쓰세요. 그리고 '00을 위한 레퀴엠' '00위한 야상곡' '00을 위한 변주곡'의 경우도 마찬가지입니다. '00'의 자리에 다양한 단어를 넣어보고 시조를 써 보세요.(이 밖에 나만의 시적 메시지를 담을 수 있는 것이면 음악과 관련된 다른 제시어를 바탕으로 써도 된다. 꼭 이 단어를 제목으로 하지 않아도 된다.)

|  | 시조 쓰기 3단계 적용 |
|---|---|
| 1. 단계<br><br>스스로 점검하기<br>메시지 분명히 하기<br>+<br>내 시조만의 장점 찾기 |  |
| 2. 단계<br><br>객관적 상관물(현상)을 찾기<br>+<br>관찰과 조사 정밀하게 하기 |  |
| 3. 단계<br><br>확장하기<br>상상적 체험을 섬세하게<br>극적으로 하기 |  |

## 21. 상상 테마19 _ 의미 있는 동사나 형용사를 바탕으로 상상하며 시조 쓰기

**@소재나 모티브가 갖는 특징과 상상 적용 방법**

동사와 형용사는 그 자체만 발음해도 연상 작용을 잘 일으킨다. 누군가 '그 사람 처지가 짠하다'라고 말하면 연상 작용에 의해 그 사람의 불쌍한 모습이 곧바로 떠오른다. 연민이라는 감정도 형성된다. 그런 동사나 형용사를 바탕으로 상상을 적용하면 이미지나 정서를 형성하기 쉽다.

동사나 형용사를 바탕으로 상상을 적용할 땐 서정시의 본령인 개별자의 간절한 정서를 나타낸 동사나 형용사를 우선 선정해야 한다. 막막하다, 먹먹하다, 처연하다, 목마르다, 수령하다, 번식하다, 적막하다, 고독하다, 숨 막히다 등을 떠올렸다면 두 번째는 예상치 못한 사물이나 현상을 그 동사나 형용사와 맞물리게 해야 한다. 과일은 막막하다, 태양은 처연하다, 수요일은 목마르다, 죽음을 수령하다, 유리가 번식한다, 구름이 적막하다, 꽃은 고독하다, 기쁨은 숨 막히다, 라는 가제만 지어도 나만의 시조를 쓸 수 있는 기반이 마련된다.

＜추천예문＞

연필을 깎다

오종문

뚝! 하고 부러지는 것 어찌 너 하나 뿐이리
살다보면 부러질 일 한두 번 아닌 것을
그 뭣도 힘으로 맞서면
부러져 무릎 꿇는다

누군가는 무딘 맘 잘 버려 결대로 깎아
모두에게 희망을 주는 불멸의 시를 쓰고
누구는 칼에 베인 채
큰 적의를 품는다

연필심이 다 닳도록 길 위에 쓴 낱말들
자간에 삶의 쉼표 문장부호 찍어놓고
장자의 내편을 읽는다
내 안을 살피라는

―『지상의 한 집에 들다』, 이미지북, 2017.

## 웃어버리다

임성구

나를 따라다니던 어둠을 내다버린다
화창하게 좋은날 울다 그친 꽃 바라보며
맘 놓고 밀어버린다, 숨 끊어질 듯 끊어질 듯

층층이 자라나던 지독한 독毒 쏟아내고
거친 감정들까지 따뜻하게 지나가면
무결점 가수처럼 와서
목청 붉은 노래하겠다

열창을 받아먹고 날아가는 청둥오리야
바람 얼굴 다 만져보고 날 만나러 오느라
만 볼트 박장대소 한잔
불콰하게 마셔보자

―『복사꽃 먹는 오후』, 작가, 2021.

## 나이테를 읽다

최정희

생은 온통 흔들림의 기억으로 남는가
나무의 가슴은 소용돌이로 어지럽다
상처를 보듬어 안은 강물의 파문처럼

안으로 삭혀 삼킨 울음의 무늬인지
밖으로 밀어냈던 몸부림의 흔적인지
손금의 운명선같이 가지들은 뻗어나가고

빛과 어둠 현실과 이상, 그 삶의 온도차
바람은 언제나 제 안에서 일었다
우듬지 경계를 넘어 푸른 길을 찾는데

현기증으로 사는 일에 멀미가 나는 날엔
발밑의 뿌리들은 따뜻한 흙 움켜잡는다
연둣빛 어린 연어 떼 돌아오는 가지 끝

― 2019년 한라일보 신춘문예 당선작

< 직접 써 보세요 >

*여기서 제시하는 단어나 구절을 바탕으로 시조 쓰기 3단계를 채워 넣은 다음 시조를 한 편 창작하시오.

― 제시 단어: 막막하다, 먹먹하다, 처연하다, 목마르다, 수령하다, 번식하다, 적막하다, 고독하다, 숨 막히다, 과일은 막막하다, 태양은 처연하다, 수요일은 목마르다, 죽음을 수령하다, 유리가 번식한다, 구름이 적막하다, 꽃은 고독하다, 기쁨은 숨 막히다 등(구조는 '간절한 정서를 나타내는(암시하는) 동사나 형용사 + 예기치 못한 사물이나 현상'으로 쓴다, 이 밖에 나만의 시적 메시지를 담을 수 있는 동사나 형용사를 바탕으로 써도 된다. 그 대신 반드시 시조 쓰기 3단계를 채워 넣은 다음 시조를 한 편 창작하시오.

|  | 시조 쓰기 3단계 적용 |
|---|---|
| 1. 단계<br><br>스스로 점검하기<br>메시지 분명히 하기<br>+<br>내 시조만의 장점 찾기 |  |
| 2. 단계<br><br>객관적 상관물(현상)을 찾기<br>+<br>관찰과 조사 정밀하게 하기 |  |
| 3. 단계<br><br>확장하기<br>상상적 체험을 섬세하게<br>극적으로 하기 |  |

## 22. 상상 테마20 _ '00성'을 바탕으로 상상하며 시조 쓰기

### @소재나 모티브가 갖는 특징과 상상 적용 방법

우리나라 말에는 '성(性)'자가 뒤에 붙어서 고유한 성질을 뜻하는 단어가 많다. 주관성, 객관성, 보편성, 합리성, 진취성, 소극성, 적극성, 일관성, 편파성, 인과성, 사실성, 미학성, 주체성, 이기성, 이타성, 사물성, 대칭성, 창의성, 상대성, 절대성, 불모성, 불완전성, 나약성, 시간성, 공간성, 물질성, 은폐성, 개방성, 필요성, 가능성, 일회성, 비극성, 심미성, 근대성, 현대성, 진실성, 회귀성, 고유성, 난해성, 다의성, 역사성, 감수성, 계급성, 대중성, 무의미성, 지속성, 순환성, 단순성, 다양성, 완결성, 투명성, 이중성, 진정성, 점진성, 비약성, 모호성, 한계성, 자율성, 우월성, 실험성, 통일성, 폭력성, 육체성 등의 단어가 있는데, 이 단어 앞에 상상을 통해 예상치 못한 '00의'를 만든 후 시조를 쓰면 나만의 시조를 쓸 수 있다. 예를 들어 '과일의 비극성' '봄의 편파성' '악몽의 회귀성' '어머니의 불모성' '연탄의 계급성' '구름의 인과성' '아버지의 난해성' '검정의 한계성' 등처럼 서로 어울리지 않는 것을 결합시키면 상상적 글쓰기가 자동적으로 형성되게 된다. 시조를 다 쓴 다음에는 제목을 다르게 바꾸어도 좋다. 예를 들어 '어머니의 불모성'에 대해 썼다면 제목은 '불모성' 또는 '불모' 등으로 붙여도 괜찮다.

<추천예문>

## 금속성 이빨

김남미

허기 들린 포클레인 산동네를 잠식한다
비탈에 선 집과 가게 밥 푸듯 푹 퍼 올려
뼈마디 오도독 씹는 공룡 같은 몸짓으로

찢겨져 너덜대는 현수막 속 해진 말들
무너진 담벼락은 철근마저 무디게 휘어
날이 선 금속성 이빨 하릴없이 보고 있다

이주민 행렬 따라 먼지구름 피는 도시
아파트 뼈대들이 죽순처럼 솟아오를 때
만삭의 레미콘트럭 양수 왈칵 쏟아낸다

― 2021년 매일신문 신춘문예 당선작

## 바늘구멍 꿰는 가을

장은수

백치가 환히 웃듯 가로등이 점등되고
비닐 덧댄 길모퉁이 구부정 굽은 허리
허기진 해름 녘 너머
개밥바라기별이 뜬다

긴 불경기 반 토막 난 일자리를 찾는 행렬
온종일 다리품 팔고 빈손으로 모여들어
꼬리 문 밥퍼* 줄 끝에
가랑잎으로 펄럭인다

손사래 담쟁이넝쿨 점점 길어 휘어진다
바늘귀 꿰는 실처럼 순하게 고개 숙인 날
떨리는 수저를 드는
식물성의 둥근 시간

\* 참사랑 실천과 나눔의 문화 정착을 위해 소외된 이웃에게 펼치는 밥퍼나눔운동.

— 《시조미학》, 2021년 가을호.

## 물의 내시경

김석이

투명이 길을 가다 부딪치는 굴절 따라
잠자던 색깔들이 일제히 손 흔들며
존재를 드러냅니다 있다구요 나 여기

손바닥에 올려보면 다시 또 민낯이죠
응집의 힘이란 건 착시의 몸짓일 뿐
깊이가 말을 합니다 품을 수 있는 척도라고

거울 같은 물이라구요 천만에요 아닙니다
날 숨겨야 남을 비추는 비밀이 숨어있죠

바닥이 받쳐주는 손
고요가 지켜주는 손

―『심금의 현을 뜯을 때 별빛은 차오르고』, 세종출판사, 2021.

< 직접 써 보세요 >

*여기서 제시하는 단어를 바탕으로 시조 쓰기 3단계를 채워 넣은 다음 시조를 한 편 창작하시오.

― 주관성, 객관성, 보편성, 합리성, 진취성, 소극성, 적극성, 일관성, 편파성, 인과성, 사실성, 미학성, 주체성, 이기성, 이타성, 사물성, 대칭성, 창의성, 상대성, 절대성, 불모성, 불완전성, 나약성, 시간성, 공간성, 물질성, 은폐성, 개방성, 필요성, 가능성, 일회성, 비극성, 심미성, 근대성, 현대성, 진실성, 회귀성, 고유성, 난해성, 다의성, 역사성, 감수성, 계급성, 대중성, 무의미성, 지속성, 순환성, 단순성, 다양성, 완결성, 투명성, 이중성, 진정성, 점진성, 비약성, 모호성, 한계성, 자율성, 우월성, 실험성, 통일성, 폭력성, 육체성 등의 단어가 있다. 이 단어 앞에 상상을 통해 예상치 못한 '00의'를 넣은 후 시조를 쓰시오. (예시, '과일의 비극성' '봄의 편파성' '악몽의 회귀성' '어머니의 불모성' '연탄의 계급성' '구름의 인과성' '아버지의 난해성' '검정의 한계성') 반드시 시조 쓰기 3단계를 채워 넣은 다음 시조를 한 편 창작하시오.

| | 시조 쓰기 3단계 적용 |
|---|---|
| 1. 단계<br><br>스스로 점검하기<br>메시지 분명히 하기<br>+<br>내 시조만의 장점 찾기 | |
| 2. 단계<br><br>객관적 상관물(현상)을 찾기<br>+<br>관찰과 조사 정밀하게 하기 | |
| 3. 단계<br><br>확장하기<br>상상적 체험을 섬세하게<br>극적으로 하기 | |

## 23. 상상 테마21 _ 부품 또는 도구로 상상하며 시조 쓰기

### @소재나 모티브가 갖는 특징과 상상 적용 방법

'작고 단순한 사물이나 현상으로 상상하여 시조 쓰기' 장이 있음에도 '부품 또는 도구로 상상하여 시조 쓰기'를 추가한 이유는 그만큼 크고 총체적인 사물이나 현상보다 작고 단순한 사물이나 현상이 훨씬 더 매력적인 모티브를 제공해주기 때문이다.

부품이나 도구로 상상을 적용할 땐 그 소재가 개별자의 정서적 맥락을 간접적으로 반영하게 만들어야 한다. 그런 다음 상상으로 비유하거나 상징화시켜서 교묘하게 맞물리게 해야 한다. 망치를 예로 들어 살펴보겠다. 망치를 소재로 설정했다면 피할 수 없는 어떤 대상이나 현상과 맞물리게 해야 한다. 목요일마다 트라우마를 일으키는 존재를 만난다면 제목으로는 '목요일의 망치'가 좋을 것이다. 하나 더 오븐을 예로 들겠다. 봄에 대한 시조가 너무나 식상해서 상상을 적용해 '오븐+봄'을 만나게 하여 '햇살 오븐'이란 제목을 짓고 시조를 써도 좋다. 그렇게 일상 속 부품이나 도구가 상상을 통해 화자나 시적 주체의 간절한 상태와 맞물리게 되면 나만의 좋은 시조를 무궁무진하게 쓸 수 있다.

&lt; 추천 예문 &gt;

## 거울에게

이우걸

녹슨 거울은 오늘도 말이 없다
그가 본 사물들의 위선에 대하여
알면서 외면하고 있는 현장에 대하여

그러나 몇백 년은 더 견딜 수 있으리라
타오르는 분노와 얼음 같은 저주의
아직 다 증발되지 않은 현장의 단서로서

나는 지금 너에게 다시 한번 묻고 싶다
핏빛 내면의 진실에 입 다물고
살아서 얻을 수 있는 의미는 무엇인가

― 《열린시학》, 2020년 가을호.

## 와이퍼

홍성란


이 험난한 궤도에서 이만하면 잘 도는 거지
스쳐온 사람과 사람 사라지고 잊혀가듯이
세상에 겹쳐놓은 필름 걷어내니 또렷해

빗물을 지우며 와이퍼가 지나가네
흐린 바탕 허물어 하늘은 쓱쓱 열리네
가늘게 웃는 아미蛾眉처럼 와이퍼가 지나가네


― 《시조시학》, 2020년 여름호.

## 거울 저편

김영숙


마주 본 은빛 햇살 삼켜버린 나를 본다
속마음 내비친
야윈 얼굴 다가오니
수 없이 이탈하고 싶은
오늘이 증명된다

심장 속 박힌 돌의 울먹임까지 들린다
그것마저 반사되면
거울도 아플 테니
두껍게 화장을 한다
가슴앓이 숨기려고


— 《열린시학》, 2021년 봄호.

< 직접 써 보세요 >

*여기서 제시하는 단어를 바탕으로 시조 쓰기 3단계를 채워 넣은 다음 시조를 한 편 창작하시오.

― 제시 단어: 망치, 엔진, 프레스, 핸들, 해머, 오븐, 도마, 분쇄기, 파쇄기, 콘센트, 차단기, 하드웨어, 소프트웨어, 식칼, 도마 등 (이 밖에 나만의 시적 메시지를 담을 수 있는 것이면 다른 것을 바탕으로 써도 된다. 꼭 이 단어를 제목으로 하지 않아도 된다. 반드시 일상 속 도구가 나와 당신의 존재성을, 나와 당신의 관계성을 훨씬 더 잘 반영한다, 라는 생각으로 상상을 펼치면 된다.)

|  | 시조 쓰기 3단계 적용 |
|---|---|
| 1. 단계<br><br>스스로 점검하기<br>메시지 분명히 하기<br>+<br>내 시조만의 장점 찾기 |  |
| 2. 단계<br><br>객관적 상관물(현상)을 찾기<br>+<br>관찰과 조사 정밀하게 하기 |  |
| 3. 단계<br><br>확장하기<br>상상적 체험을 섬세하게<br>극적으로 하기 |  |

## 24. 상상 테마22 _ 비유적 상상력으로 시조 쓰기

### @소재나 모티브가 갖는 특징과 상상 적용 방법

'시조는 은유다', '시조는 비유다'라고 단정적으로 말하는 시인들이 많다. 시조가 직접적인 언술보다는 다른 것에 빗대어서 말하는 속성을 많이 갖고 있기 때문이다. 빗대는 이유는 다음과 같다. 시조에 표현하려고 했던 원관념이 모호성이나 애매성, 막연함을 가지고 있을 때 선명한 심상을 불러일으킬 보조관념을 끌어와 빗대면 명징하게 원관념을 환기시키기 때문이다. 그래서 비유에 대한 정의가 "어떤 현상이나 사물을 직접 설명하지 아니하고 다른 비슷한 현상이나 사물에 빗대어서 설명하는 일"이라고 한 것이다. 여기서 현상이나 사물은 이미지를 뚜렷하게 가지고 있는 것들이다. 그러니 이미지를 동반한 보조관념을 통해 쉽게 감각할 수 없는 원관념을 감각할 수 있도록 비유가 도와주는 셈이다.

비유를 통해서 얻어지는 효과 중에 하나는 시조의 언술이 갖는 단조로움을 탈피할 수 있다는 점이다. 비유적인 장치 없이 시적 대상이나 시적 현상을 직접적으로 표현하면 진솔함이 흠뻑 묻어나는 시조를 창작할 수 있다. 그러나 언술로 그려지는 머릿속 그림이 단조롭게 되어 시조를 '돌려 읽는' 맛이 떨어지게 된다. 통쾌하게, 시원시원하게 전달되는 맛은 좋지만 시조를 음미하면서 되새김질하는 맛은 떨어진다는 뜻이다. 따라서 자신의 시조에 음미하는 맛을 주고 싶다면 '비유적 상상력'을 통해 창작하는 연습을 해야 한다.

비유를 활용할 때 주의할 점은 원관념과 보조관념의 관계를 익숙하게 설정하면 시적 재미를 줄 수 없다는 것이다. 그러니 유사성이 있는 대상과 현상을 찾아 비유를 구사하되, 익숙한 것들로부터 달아나는 기지를 발휘할 줄 알아야 한다. 우선 내가 시조에 표현하려고 하는 원관념이나 메시지를 분명히 머릿속에 인식해야 한다. 만약 사랑이 모티브라면 그냥 막연한 사랑을 떠올리면서 비유할 보조관념을 찾지 말고 구체적인 사랑의 형태나 속성을 상정하고 보조관념을 찾아야 한다. 예를 들어 진짜로 죽음과 맞바꿀 만큼 사랑을 한 화자가 있다고 하자. 그래서 고독과 외로움에 미치도록 몸부림친다고 하자. 그것은 구체적으로 간절하지만 선명하지가 않다. 보조관념을 통해 죽을 만큼의 사랑임을 증명해야 한다. 최승자 시인의 「그리하여 어느 날, 사랑이여」가 예문이 될 수 있다. 최승자는 보조관념인 꽃의 상황과 화자의 간절한 상황을 비유하여 "그리하여 어느 날 사랑이여,/ 내 몸을 분질러다오./ 내 팔과 다리를 꺾어/ 네 꽃병에 꽂아다오."와 같은 구절을 탄생시켰다.

 쓰고자 하는 원관념의 속성을 분명히 했다면 이제 최승자처럼 상상력이 증폭되는 보조관념을 찾아야 한다. 주의할 점은 원관념과 지나치게 유사한 것을 찾으면 안 된다는 것이다. 유사성이 50% 이상 되는 것보다 유사성이 10% 이내로 있어야 훨씬 더 신선한 비유가 된다. 예를 들어 은유적으로 'A는 B이다' 형태로 표현한다면 '사랑은 어머니다'나 '사랑은 십자가다'와 같이 유사성이 많은 것은 쓰지 말고, '사랑은 창문이다' '사랑은 거울이다' '사랑은 백지다' '사랑은 버섯이다' '사랑은 타인이다' '사랑은 쥐새끼다'와 같이 유사성이 최대한 떨어지는 것과 상상을 통해 맞물리게 해야 한다.

<추천예문>

## 반짇고리 은유

송가영

1. 골무
하늘 아래 죄 없는 자
창칼로 날 찌르시오
당신은 단 하루라도 뉘 방패 된 적 있었나요
두 다리 쭉 뻗는 이 밤도 내 덕인 줄 아세요

2. 바늘
그래요, 내 찌르리다
그 아집의 정수리를
시대의 홰뿔처럼 작아도 날 선 큰 뜻
남과 북 뜯긴 솔기도 한 땀 한 땀 기우리다

3. 실
아서요, 그만둬요
입만 산 눈먼 이여
나 없이도 잇고 감고 홀칠 수 있는가요?
실없는 감언이설에 틈만 커진 이 땅에서

4. 자
모이면 고함질에
붙었다면 삿대질인가요?
누가 옳고 그른지는 견줘보면 알게 될 일

입 발린 소리는 그만!
자, 어서 대보자고요

─ 『막사발을 읽다』, 책만드는집, 2021.

## 카세트테이프

정희경


일용직 사무실로

한파가 걸어간다

당기고 풀리기를

반복하는 허리 통증

밤마다 늘어진 테이프

새벽이 또 감는다

— 《서정과현실》, 2021년 상반기호.

< 직접 써 보세요 >

*낯선 느낌을 주는 비유적 상상력을 펼치세요. 반드시 시조 쓰기 3단계를 채워 넣은 후 시조를 한 편 창작하시오.

— 활용할 예시 문장: '사랑은 어머니다'나 '사랑은 십자가다'와 같이 유사성이 많은 것으로 표현하지 말고, '사랑은 빵이다' '사랑은 거울이다' '사랑은 백지다' '사랑은 버섯이다' '사랑은 타인이다' '사랑은 쥐새끼다'(원관념이나 보조관념을 길게 표현하는 은유를 구사해도 된다. 예, '빗속을 날아가는 새는 내 심장 속을 빠져나간 외로운 문장이다')

| | 시조 쓰기 3단계 적용 |
|---|---|
| 1. 단계<br><br>스스로 점검하기<br>메시지 분명히 하기<br>+<br>내 시조만의 장점 찾기 | |
| 2. 단계<br><br>객관적 상관물(현상)을 찾기<br>+<br>관찰과 조사 정밀하게 하기 | |
| 3. 단계<br><br>확장하기<br>상상적 체험을 섬세하게<br>극적으로 하기 | |

## 25. 상상 테마23 _ 알레고리(allegory)적 상상력으로 시조 쓰기

### @소재나 모티브가 갖는 특징과 상상 적용 방법

알레고리(allegory)는 어떤 한 주제에 해당하는 A이야기를 말하려고 할 때, A이야기를 직접적으로 말하면 재미가 없으니까 다른 형태에 해당하는 B이야기를 통해 주제를 암시적으로 나타내는 수사법이다. 은유법이 하나의 단어나 하나의 문장과 같은 작은 단위에서 원관념과 보조관념의 구조를 갖는다면 알레고리는 이야기 전체가 하나의 총체적인 비유적 상황(통비유의 상황)이 되어 원관념과 보조관념을 빗댄다. 즉, A이야기를 숨기고 B이야기를 겉으로 하는 방식이다. 이때 B의 자리에 동물, 식물, 사물이 들어가면 우화이면서 알레고리가 된다.

알레고리는 구조적인 특성상 관계론적인 의미보다 존재론적인 의미를 담는 경우가 많다. 관계성을 담으려고 길게 이야기를 하면 시조 속 등장인물이 최소 2명 이상이 되어야 하고, 그렇게 되면 등장인물들 사이 오고 가는 대사나 심리 때문에 깊이나 내밀함을 내포할 수 없게 된다. 하지만 한 사람의 이야기만을 다룬다면 그 사람의 심리적 맥락을 충분히 내실 있게 다룰 수 있다. 그러니 상상을 적용할 땐 주인공이 한 사람이면 좋다. 그리고 알레고리를 구성할 땐 낯설게 하기가 될 수 있도록 B의 자리에 예상치 못한 존재를 끌어오면 좋겠다. 예를 들어 백지가 주인공인 이야기를 주저리주저리 하는 것을 통해 쓰는 자의 고뇌를 다룰 수 있고, 버려진 사물 이야기를 통해 고독한 존재를 비유할 수도 있다. 10년 동안 방치된 채 한 번도 접속한 적 없는 콘센트 이야기를 통해 타인과 만나지 못한 외로운 존재의 극한 심리를 형상화시킬 수도 있다.

&lt;추천 예문&gt;

시의 해부학

김강호

메스의 날 끝에서 비명이 떨어진다
시마다 색다르게 뿜어내는 찬연한 피
투명한 비평 그릇에 조심스레 받는다

어떤 시는 단단해서 메스를 튕겨내고
어떤 시는 메스를 피해 정신없이 달아나고
또 어떤 주눅 든 시는 지레 먼저 자폭했다

무성음의 목소리가 안개처럼 번지던
절개한 시편들의 몸통을 봉합하자
침묵은 움켜쥐었던 긴장의 끈 놓는다

문장의 지느러미 날렵하게 뒤집으며
상상의 바다로 가는 등 맑은 시를 볼 때
난 잠시 반가사유상, 엷은 미소 짓는다

—《시조미학》, 2021년 가을호.

# 한강이라는 밤

김보람

한강을 앞에 두면
한강의 기억이

둘이 바라보다
혼자 서있기도

한강이 드러눕는다
오늘은 비가 내린다

너는 뒤돌아본다
그만 실족할까요?

몸이 기우는 동안
빗소리가 넘친다

회전이 아름다워진다
투명으로 가득 찼다

애인이 지나가고
엄마가 지나갔다

밤과 안개가
불빛으로 흘러간다

눈앞엔 강 하나 비었다
바라보며 울었다

―『모든 날의 이튿날』, 고요아침, 2017.

## 초파리 질문법

표문순

연애를 막 시작한
내 생각에 들어와서
당신이 알을 낳고 주섬주섬 떠난 후
무언지 알 수도 없는 질문들이 들끓는다

주고받은 언어들이
액정 위에 물컹하고
덜 익은 과일처럼 어설펐던 몸짓들에
하루도 채 안 됐는데 초파리가 들끓는다

저 작은 날벌레 같은
공격자는 누구일까
비문증 앓는 듯이 눈앞에 잉잉대는
당신은 가고 없는데, 나는 이토록 위태롭다

―『공복의 구성』, 고요아침, 2019.

< 직접 써 보세요 >

*알레고리적 상상력을 적용할 때는 원관념과 보조관념의 이야기가 자연스럽게 맞물려야 한다. 두 축이 그만큼 교묘하게 만나야 한다는 뜻이다. 여기서 제시하는 구절을 바탕으로 시조 쓰기 3단계를 채워 넣은 다음 시조를 한 편 창작하시오.

― 제시 단어: A을 위한 우화, A를 사랑한 우화, A에서 빠져나온 우화, A가 죽어야 사는 우화, A가 소품인 우화, A가 살고 있는 우화 등. ('A' 자리에 상상이 가미된 다양한 단어를 넣어 보고 시조를 쓴다. 다른 형태의 구절을 만들어서 써도 된다.)

|  | 시조 쓰기 3단계 적용 |
|---|---|
| 1. 단계<br><br>스스로 점검하기<br>메시지 분명히 하기<br>+<br>내 시조만의 장점 찾기 |  |
| 2. 단계<br><br>객관적 상관물(현상)을 찾기<br>+<br>관찰과 조사 정밀하게 하기 |  |
| 3. 단계<br><br>확장하기<br>상상적 체험을 섬세하게<br>극적으로 하기 |  |

## 26. 상상 테마24 _ 사물의 기분을 바탕으로 상상하며 시조 쓰기

### @소재나 모티브가 갖는 특징과 상상 적용 방법

서정시조는 원래 처음부터 화자나 시적 대상의 기분을 시조로 나타내는 문학 장르다. 간절한 심리 상태, 교묘하고 오묘한 심리 상태, 그 존재만이 느끼는 개별화된 심리 상태를 객관적 상관물을 끌어와 표현하는 양식이다. 그럴 때 객관적 상관물은 대부분 사물이다. 이 사물들은 그 자체로 이미지를 많이 포함하고 있어서 활용하기만 하면 구체적이고 매력적인 형상화에 도움을 준다. 그런 사물들만이 가진 기분에 대해 상상해 보자. 조건은 사람들이 이미 익숙하게 인식하는 사물들의 속성에 따른 기분이 아니라 그 대상만이 느낄 수 있는 기분을 떠올려 보는 것이다. 먹구름의 기분, 마스크의 기분, 배터리의 기분, 안쪽의 기분, 왼쪽의 기분, 깨진(닫힌) 창문의 기분, 우물의 기분, 배를 삼킨 바다의 기분, 옹이의 기분, 뿌리의 기분, 일기 예보의 기분, 인형의 기분, 소품의 기분, 바닥의 기분, 겨울꽃의 기분 등처럼 뭔가 묘한 뉘앙스를 풍기는 사물의 기분에 대해 상상해 보면 나만의 시조를 쓸 수 있을 것 같은 자신감이 생긴다.

이런 방법으로 탄생시킨 '기분'은 존재를 주체적인 사물로 격상시켜 준다. 일반화된 관념이나 정의만을 껴안고 살아가는 사물을 주체성과 개별성을 가진 존재로 만들어주는 것이다. 예를 들어 방치된 '마네킹'이 있을 때 그것을 관찰자 입장에서만 다루면 객관적 시선이 지배적이게 되지만, '마네킹의 기분'이라고 제목을 붙이고 마네킹 입장에서 밀착하게 되면 주체적 발화를 서슴없이 하게 되는 것이다.

비유적 방법으로 화자나 시적 대상이 갖는 심리 상태를 사물이 갖는 기분에 빗대어 표현하는 것도 좋다. 예를 들어 철저히 고독을 맛보는 C가 있다면 그의 존재성을 '피뢰침'이라는 사물을 끌어와 비유할 수 있다. 그럴 경우 '피뢰침의 기분'은 'C의 기분'을 암시하는 보조관념이 된다.

<추천 예문>

책갈피의 기분*

이희정

읽는다는 것은, 견딘다는 것이지

속지를 뒤채는 뾰족한 감정들에
한없이 납작해진 몸
옴짝달싹 못 하고

건너온 스토리, 가야 할 다음 사이

접질린 전개에 자욱하게 피는 갈등
복선에 물린 활자들이
엔딩을 캐고 있는

조각조각 이어진 플롯의 패턴 아래
읽어야 할 서사를 베고 누운 풀처럼

꼭 물린 휴지의 시간,
반전이 기다린다

* 김먼지의 책 이름

— 《오늘의시조》, 2021년 제15호.

## 끝물 고행

황치복

늦가을 텅 빈 텃밭 숨 고르던 끝물 고추

추일서정 덮어쓰고 노을 속에 빛난다

처연히
본색을 품고
육탈에 들어선 걸까

찬 서리 내리자 돋아나는 이랑과 고랑

말씀의 무늬인지 적막의 일렁임인지

아득히
넘실거린다
애수 속으로 스며든다

한로 지나 상강 너머 입동으로 접어든 고행

서쪽 하늘 바라보며 귀가하는 노스님일까

주름살
만개한 얼굴에
윤슬 품은 해탈의 빛

— 《열린시학》, 2020년 겨울호.

## 색깔의 감정 2
— 진주귀고리소녀*

손영희

1.

한 여자가 천상의 색깔을 다듬고 있네
제 몸을 빠져나온 햇살을 빻고 있네
한 겹씩 가벼워지는 천 살배기 어린 여자
내 속에 어린 그녀가 바람처럼 들고 나네
고결을 꿈꾸는 창틀 옆의 그리트**여
시선이 교차하는 곳, 정물처럼 서 있는

2.

삐걱거리는 계단을 조심스레 올라가서
햇살이 잘 드는 창가에 서 있어요
그대는 내 초상화를 안고 골목을 지나가요
창문으로 백포도주 빛 햇살이 스며들고
바다가 달에 끌리듯 그대에게 이끌려
내 삶은 구름화폭 속을 새처럼 날아가요

*베르메르의 그림
**<진주귀고리소녀>소설 속 여주인공

—『불룩한 의자』, 고요아침, 2009.

< 직접 써 보세요 >

*여기서 제시하는 구절을 바탕으로 시조 쓰기 3단계를 채워 넣은 다음 시조를 한 편 창작하시오.

— 제시 단어나 구절: 단순한 속성에 따른 기분이 아니라 그 대상만이 느낄 수 있는 기분을 떠올려 보는 것이다. 먹구름의 기분, 마스크의 기분, 배터리의 기분, 안쪽의 기분, 왼쪽의 기분, 깨진(닫힌) 창문의 기분, 우물의 기분, 배를 삼킨 바다의 기분, 옹이의 기분, 뿌리의 기분, 일기예보의 기분, 인형의 기분, 소품의 기분, 바닥의 기분, 겨울꽃의 기분 등(이 밖에 나만의 시적 메시지를 담을 수 있는 것이면 기분과 관련된 다른 구절을 바탕으로 써도 된다.)

| | 시조 쓰기 3단계 적용 |
|---|---|
| 1. 단계<br><br>스스로 점검하기<br>메시지 분명히 하기<br>+<br>내 시조만의 장점 찾기 | |
| 2. 단계<br><br>객관적 상관물(현상)을 찾기<br>+<br>관찰과 조사 정밀하게 하기 | |
| 3. 단계<br><br>확장하기<br>상상적 체험을 섬세하게<br>극적으로 하기 | |

## 27. 상상 테마25 _ 색깔 이미지로 상상하며 시조 쓰기

### @소재나 모티브가 갖는 특징과 상상 적용 방법

색깔이 갖는 상징성이나 암시성은 대단하다. 빨강은 열정·흥분·과격·혁명·더위·혈액·일출·활력 등을 상징하고, 주황은 원기·적극·희열·활력·건강·밝음·만족·유쾌 등을 상징한다. 그리고 노랑은 희망·광명·팽창·명랑·금·부귀 등을 상징하고, 녹색은 휴식·엽록소·안식·평화·안전·중성·평정·여름·청춘 등을 상징한다. 또한 파랑은 서늘함·하늘·물색·우울·적막·냉담·고독·추위 등을 상징하고, 남색은 차가움·심원·냉정·염원·성실·깊은 물·깊은 계곡 등을 상징한다. 아울러 흰색은 순수·청결·소박·순결·신성·정직·정의·자유·공포 등을 상징하고, 검정은 허무·절망·침묵·부정·죄·죽음·엄숙·밤·슬픔·후회 등을 상징한다. 이렇게 상징성이 강한 색깔들을 바탕으로 상상을 적용해 시조를 한 편 써보자.

상상을 적용할 때는 위에서 제시한 원형적인 상징성을 바탕으로 간절함을 암시해도 되지만, 시적 대상이나 화자의 개별적인 색깔 이미지를 바탕으로 상상하면 더욱 좋다. 예를 들어 가난하지만 적응력이 뛰어난 존재를 '카멜레온'에 빗대어 시조를 쓴다고 치자. 회사에서 존재감 없는 상황에 놓여있다면 그의 색깔은 '투명'일 것이고, 집에 갔을 때 분노를 삭이고 있다면 그의 색깔은 '붉음'일 것이다. 이렇게 개별 존재에 따라 개별 색깔이 설정되어 시조가 전개되면 색깔에 따른 재미있는 시조가 탄생하게 된다.

또한 역발상이나 역설적 상상을 통해 검정을 긍정적인 이미지로 다룰 수도 있고, 흰색을 고독의 이미지로 다룰 수도 있다. "검은 생각들 모르게 검정을 사랑했어요/ 나만의 봄이 찾아와 검정을 부추겼어요/ 그러니 까마귀를 주세요 질문을 날릴래요/ 왜 넌 엄마의 태몽 속으로 날아왔니?"와 같은 낯선 구절로 시작하는 시조도 쓸 수 있다.

이렇게 개별자의 상태에 따라 색깔 이미지를 활용해 낯설게 하기를 구현해야 한다. 색깔에 대한 역발상이나 낯설게 하기가 잘되지 않으면 두 가지 색깔을 혼용하거나 오묘한 색깔을 바탕으로(코발트블루, 다크 핑크 등) 시조에 펼쳐도 되고, 투명이나 불투명에 관한 상상을 해도 좋다.

<추천 예문>

## 블랙

이송희

도무지 네 속셈은 알 수가 없었어

안 보이는 눈빛과
입 안에 감춘 말들

그 까만 혓바닥에서 칼바람이 일었어


소리들을 입에 문 채
문 밖에 귀를 댄 너

남몰래 뒷모습을 훔쳐보며 베껴갔어

불안한 침묵 하나가 빈방에 웅크렸어


가녀린 손발 묶고
두 눈을 가리던 너

겁에 질린 낯선 내가 거울 속에 숨었어

창밖엔

달빛 한 조각
머물지 않았어

―『수많은 당신들 앞에 또 다른 당신이 되어』, 시인동네, 2020.

# 녹색

배경희

연하면 연할수록 더 배고픈 이파리들

그늘에서도 꽃들이 서로 다르게 피는데

당신은 방에 박힌 채 나오지를 않는다

골목 끝 잎들도 말없이 자라는데

미래 없는 녹색은 그에게 무덤인가

식물은 허연 얼굴로 소리 없이 말라간다

계약에 지배당한 자신을 어찌할까

얼굴이 어디로 갔나 얼굴은 있다는데

흰빛은 햇빛에 돋는 걸까 전화가 울린다

─《정음시조》, 2021년 제3호.

## 파랑과 파란

김보람

당신의 얼굴선이
나에게 골몰한다
목을 한껏 젖히면
하늘을 덮는 구름처럼
바깥을 모두 잃고서도
교차하는 마음처럼

모든 것이 사라지는
부드러운 속도로
손과 팔이 이어지고
어깨가 이어지고
우리는 무슨 사입니까
서로의 착각 속에

다가갈 수 없는 밤
푸른 시간에 대하여
흐느끼는 불빛과
비틀거리는 모퉁이
파랑과 파란이 만나
다른 것은 보지 못했다

—『괜히 그린 얼굴』, 발견, 2019.

< 직접 써 보세요 >

\*'소재나 모티브가 갖는 특징과 상상 적용 방법'에서 제시한 색깔이 갖는 상징성을 뒤틀어버리는 상상이나 발상을 통해 나만의 색깔 이미지가 드러난 시조를 한 편 창작하시오. 반드시 시조 쓰기 3단계를 채워 넣은 다음 쓰시오.(예를 들어 검정색은 허무 · 절망 · 침묵 · 부정 · 죄 · 죽음 등 부정적인 이미지로 보통 쓰인다. 그런데 검정색 옷을 입길 좋아하는 여자를 끔찍이 사랑하는 화자가 있다고 치자 그러면 검정은 떨림과 따뜻함의 이미지가 되어 긍정적으로 표현된다.)

| | 시조 쓰기 3단계 적용 |
|---|---|
| 1. 단계<br><br>스스로 점검하기<br>메시지 분명히 하기<br>+<br>내 시조만의 장점 찾기 | |
| 2. 단계<br><br>객관적 상관물(현상)을 찾기<br>+<br>관찰과 조사 정밀하게 하기 | |
| 3. 단계<br><br>확장하기<br>상상적 체험을 섬세하게<br>극적으로 하기 | |

## 28. 상상 테마26 _ 1인분 또는 1인용을 바탕으로 상상하며 시조 쓰기

### @소재나 모티브가 갖는 특징과 상상 적용 방법

사람은 누구나 태어날 때부터 혼자다. 단독자인 셈이다. 인간은 주체적이고 개별적인 존재로서 자신의 삶을 개척해 나간다. 그런데 혼자라는 감정에 오랫동안 젖어있는 것도 싫어한다. '우리'나 '식구들'로부터 단절되어 혼자 식사를 자주 하게 될 때, 타인들로부터 철저하게 소외를 당할 때 '1인분'과 '1인용'은 서러움을 암시해 주는 단어가 된다.

이번 장에선 그런 '1인분'과 '1인용' 단어를 활용해 상상을 펼쳐보자. 두 단어는 그 자체만으로도 간절함을 내포한다. 그러니 화자나 시적 대상이 가진 간절함에 상상을 입혀보자. 그럴 때 예기치 못한 단어를 붙여보면 상상이 자동적으로 발동한다. 예를 들어 '내가 가진 1인분의 어둠' '당신을 부추기는 1인분의 슬픔' '1인분의 노래' '1인분의 아버지' '1인분의 가을' '1인분을 위한 당신의 이별' '1인분의 애도' '1인용 후회' '1인용 죽음' '1인용 풀밭' '1인용 바람' '1인용 바닥' '1인용 반성' '1인용 눈물' 등의 구절같이 묘한 뉘앙스를 풍기는 표현이 만들어지면 구절이 자동적으로 샘솟게 된다.

<추천 예문>

일인칭

이송희

바늘 같은 질문이 내 안에서 쏟아졌어요 입력창에 새겨지는 다 낡은 이름과 주소 겹겹이 열린 창으로 슬픈 표정 스치네요

빈칸을 채워 가며 나는 나를 인증해요 여기가 어디인지 되묻는 문장 앞에 그동안 헤맸던 길이 울퉁불퉁 펼쳐져요

못다 한 꿈들은 임시저장해 뒀어요 언제든 꺼내 쓰는 여럿의 내가 담긴 3인칭 전지적 시점의 이야기를 클릭해요

―《주변인과 문학》, 2021년 봄호.

## 단잠 한 평

표문순

빌딩과 빌딩 사이
좁은 통로 한가운데
플래카드 접고 접어 드러누운 중년 사내

그늘과 한 몸이 되어 사라지기 직전이다

저곳은 황무지
아니면 늪이라는데
1원의 소유권을 덮어본 적 없다는 듯

온몸을 널브러뜨려 바닥과 숙면 중이다

골목에 멈춰있는
더위를 걷어차며
짓눌린 이쪽 잠을 저편으로 갈아 누이니

오래전 부조浮彫되었던 굽은 등이 눈을 뜬다

―『공복의 구성』, 고요아침, 2019.

< 직접 써 보세요 >

*여기서 제시하는 구절을 바탕으로 시조 쓰기 3단계를 채워 넣은 다음 시조를 한 편 창작하시오.

— 제시 구절: '내가 가진 1인분의 어둠' '당신을 부추기는 1인분의 슬픔' '1인분의 노래' '1인분의 아버지' '1인분의 가을' '1인분을 위한 당신의 이별' '1인분의 애도' '1인용 후회' '1인용 죽음' '1인용 풀밭' '1인용 바람' '1인용 바닥' '1인용 반성' '1인용 눈물' 등 (이 밖에 나만의 시적 메시지를 담을 수 있는 다른 구절을 활용해 써도 된다. 꼭 이 구조의 문장을 제목으로 하지 않아도 된다.)

| | 시조 쓰기 3단계 적용 |
|---|---|
| 1. 단계<br><br>스스로 점검하기<br>메시지 분명히 하기<br>+<br>내 시조만의 장점 찾기 | |
| 2. 단계<br><br>객관적 상관물(현상)을 찾기<br>+<br>관찰과 조사 정밀하게 하기 | |
| 3. 단계<br><br>확장하기<br>상상적 체험을 섬세하게<br>극적으로 하기 | |

## 29. 상상 테마27 _ 미술용어를 바탕으로 상상하며 시조 쓰기

### @소재나 모티브가 갖는 특징과 상상 적용 방법

우선 미술과 관련된 단어들을 아는 대로 나열해 보자. 덧칠 팔레트 캔버스 소묘 드로잉 스케치 크로키 에스키스(밑그림) 그로테스크 색감 색맹 팝아트 미술관 입체성 전위 조각 회화 필법 화첩 전시회 기획 반예술 액자 배접 명도 채도 스펙트럼 원색 모사 그래픽 명암 누드 설치 직선 곡선 벽화 수묵 수채 농도 브론테 묘사 터치 배치 비대칭 구도 척도 콜라주 데칼코마니 데콜라주 장식 추상 디자인 미니멀 위조 기교 문양 무늬 문신 판화 음각 양각 전각 야수파 인상주의 에콜 에튀드(습작) 여백 12색 15색 24색 물감 크레파스 색연필 윤곽 원근 피사체 큐레이터 모델 숙련 자동기술법 소품 장르 점묘 조형 상감 화가 박제 키치 타블로 파스텔 원본 화풍 포스터 몽타주 등이 적힐 것이다.

그런 다음 간절한 상태에 놓인 개별자(화자 또는 시적 대상)를 설정하자. 이제 상상 게임을 하듯 이질적인 것과 위에서 제시한 미술 관련 용어를 섞어보자. "신은 왜 나에게 절망만을 덧칠하고 있을까" "봄의 팔레트엔 연두와 노랑이 가득한데 내 슬픔은 왜 암흑으로만 치달을까" "꿈이 몰래 스케치한 나의 무의식을 해석 한다" "이별의 에스키스" "달은 내 어두운 마음만 읽어내는 색맹인 게 분명하다" "태양의 그로테스크" "고독을 증언한 입체성" "당신을 보면 왜 내 몸속에 전위가 꿈틀거릴까" 등과 같이 상상하면 된다. 이제 묘한 뉘앙스를 풍기거나 나만의 존재론적인 의미를 담을 수 있는 정황(상황)을 선택한 후 시조를 써보자.

'미인도' '초충도' '세한도' '자화상' '초상화' 등과 같이 특정 그림 명칭을 모티브 삼아서 쓰는 방법도 좋다.

<추천 예문>

## 이중섭의 팔레트

신준희

알코올이 이끄는 대로
너무 멀리 와버렸다

내려야 할 정거장을
나는 자주 까먹었다

날마다
다닌 이 길은

처음 보는 사막이었다

— 2018년 동아일보 신춘문예 당선작

## 세한도(歲寒圖)를 읽다

용창선

잔기침에 잠 못 들던 풍설風雪도 그치고
수런대던 안부들마저 발길 끊은 겨울 아침
차디찬 살을 부비며 먹 가는 소리 듣는다

수척한 바람 하나, 빈 마당을 쓸고 가면
천리 바다 너머인가, 맵고도 시린 목숨
묵선墨線에 핏물이 돈다 새 살이 돋아난다

쌓이는 눈뭉치에 몸을 꺾는 한때의 적막
수묵의 갈필로도 못 다 그린 그리움은
뼈마디 시퍼런 결기結氣로 빈 들판에 홀로 서다

— 2015년 서울신문 신춘문예 당선작

## 게르니카* 5月

김월수

1.

중환자실 한쪽에는
환한 시간의 물살

마치 폭탄이라도 떨어졌던 듯, 경동맥 수술 후 왼쪽 목에 붕대와 테이프를 붙인 사람, 뇌수술한 머리에 하얀 붕대를 동여맨 사람, 모두 두 손 벌려 안아줄 사람을 찾고 있다 한순간, 수술이 잘못되면 내 의지도 뎅강 잘려나갈 것 같다 망연자실 멍해진다 마비가 오는 방향으로 기운 채 소의 눈을 한 당신이 나를 빤히 본다

그렇게 맑은 절망을
난생 처음 보고 만다


2.

꽃향기 진동하는
오월의 일이었다

광장에는 기관총으로 난사 당한 도청 벽면, 시체가 널브러져 있다. 단지 자유를 달라 소리친 것뿐인데 우멍하고 순박한 눈망울의 사내 마흔 해 내내 지는 꽃 가운데 선

소를 쏙 빼닮은 그 얼굴

나를 따라다닌다

*피카소 그림

―『화살나무』, 고요아침, 2020.

<직접 써 보세요>

*아래에서 제시하는 예시 구절이나 문장을 참고한 후 미술용어와 이질적인 것을 섞어서 나만의 시조를 한 편 쓰시오. 꼭 시조 쓰기 3단계를 채워 넣은 다음 창작하시오.

— 예시 구절과 문장: '신은 왜 나에게 절망만을 덧칠하고 있을까' '봄의 팔레트엔 연두와 노랑이 가득한데 내 슬픔은 왜 암흑으로만 치달을까' '꿈이 몰래 스케치한 나의 무의식을 해석한다' '이별의 에스키스' '달은 어두운 내 마음만 읽어내는 색맹인 게 분명하다' '태양의 그로테스크' '고독을 증언한 입체성' '당신을 보면 왜 내 몸속에 전위가 꿈틀거릴까'

|  | 시조 쓰기 3단계 적용 |
|---|---|
| 1. 단계<br><br>스스로 점검하기<br>메시지 분명히 하기<br>+<br>내 시조만의 장점 찾기 |  |
| 2. 단계<br><br>객관적 상관물(현상)을 찾기<br>+<br>관찰과 조사 정밀하게 하기 |  |
| 3. 단계<br><br>확장하기<br>상상적 체험을 섬세하게<br>극적으로 하기 |  |

## 30. 상상 테마28 _ 과일 이미지로 상상하며 시조 쓰기

### @소재나 모티브가 갖는 특징과 상상 적용 방법

　세상의 모든 과일들은 미각, 시각, 후각, 촉각, 청각 등의 감각을 자극하고 그것과 관련된 기억을 소환한다. 입안에 퍼지는 오미자의 다양한 맛, 땡볕에 익어가는 수박의 진한 색감, 늦가을 포도가 익어가는 냄새, 쭈글쭈글 변해가는 대추의 촉감, 한밤중 홍시 떨어지는 소리, 떫은 감을 우려내서 슬쩍 내밀던 어머니에 대한 기억 등이 자연스럽게 다가온다. 그래서 과일은 시적 소재로서 훌륭한 위치를 차지한다.

　우선 과일 이미지와 관련된 단어를 나열해 보자. 시다 떫다 달콤하다 향기롭다 발효 숙성 익다 떨어지다 다닥다닥 당도 물리다 크다 굵다 진하다 썩다 솎다 적과 수확 포장 창고 풋 섭취 섞다 물컹하다 껍질 씨 주스 갈다 달려있다 송이 숭어리 질기다 쫀득하다 식감 자르다 마시다 먹다 으깨다 토막 벗기다 뱉어내다 등등…. 그리고 각종 과일 이름과 과일이 들어간 음식, 과일나무 이름까지 떠올려 보자. 그런 후 상상을 적용하여 매력적인 구절을 만들어 보자. 예컨대 "왜 내겐 떫은 기억만 다닥다닥 열려있을까" "몸과 몸이 만나 발효되는 식초처럼/ 우린 다른 성분으로 번져가고 있었던 거야" "돌풍에 떨어진 어린 과일들의 숨소리/ 또르르 또르르 꿈속까지 굴러왔다" "오렌지 나무 아래에서 제제가 되어 울곤 했다" "가을을 사랑한 포도들은 어디로 갔나" "나를 내가 끊임없이 솎아내고 있는 밤" "과일맛 사탕 속에 과일이 없듯이/ 알맹이 없는 계절이 당도를 높이곤 했다" "당도가 높던 열두 살과 당도가 없던 서른 살" "물컹하게 익은 사랑은 터지기 쉬웠지만/ 우리의 사랑은 단단하고 어색했다" 등의 구절을 적으면 된다. 마지막으로 그 구절들을 바탕으로 상상적 체험을 하면 나만의 시조에 도달할 수 있는 바탕이 이루어진다.

<추천 예문>

사과를 만나다

박연옥

길어야 일주일 쯤 머무는 줄 미리 알아
올핸 꼭 만나리라 서둘러 꽃 피워놓고
받침이 집인 줄 모른 채 사과꽃은 지더니

떠난 자리 들어선 열매 뙤약볕에 담금질하고
비바람에 지는 벗들 가슴으로 배웅하며
모질게 견뎌온 나날 과즙으로 고이더니

끝내 그를 알고 안절부절 못하는 낯빛
그걸 헤아린 듯 크게 한 입 베어 무니
달디단 사과향 속으로 그림자 두엇 잠긴다

— 2006년 중앙일보 신인문학상 당선작

## 머루

인은주

그 남자네 마당에서 머루를 따먹었다

까맣게 탄 여름이 걸려 있는 하늘 아래

넝쿨 속 그늘 안에는 풀냄새가 가득했다

새까만 머루가 입 안에서 터졌다

그 남자의 아내는 울상을 지었으나

못 본 척 여름 안으로 나는 더 들어갔다

—『우리의 관계는 오래 되었지만』, 시인동네, 2021.

## 과수원 우체국

서정화

지문이 다 닳도록 지금은 배달이 한창

주문 상품 쌓인 택배 분리하고 운반하는 이분법 허리가 키운 당도 오른 빛들 보네 하늘을 흔든 나무 무한량의 햇살 쓸며 품 안에 부풀었다 아삭, 익은 편애 뒤로 종이를 한 장씩 덮고 새로 태어나 가는 길, 즙을 푼 듯 노을빛 우체국에 울컥대며 접수한 짧은 안부로 추스른 가슴 한쪽 늦도록 기억의 잠복기 한참을 서성이지. 이전이란 것은 얼마나 오래전인가요. 먼먼 곳에 전송할 향기 이는 못 부친 편지처럼….

잔가지 배꼽 닿던 자리에 하얀 웃음이 저려 오네

─『바다 거미 출력소』, 고요아침 2020.

< 직접 써 보세요 >

*여기서 제시하는 방법을 바탕으로 시조 쓰기 3단계를 채워 넣은 다음 시조를 한 편 창작하시오.

— 제시 방법: 'A 그리고 B'의 구조를 띤 시조 제목을 붙인 후 시조를 창작한다. A 자리엔 과일 이름을 B 자리엔 다른 단어를 넣는다. B의 자리에 최대한 이질적인 것을 놓으면 더욱 흥미로운 상상이 발휘된다. (예시, '사과 그리고 고양이' '포도 그리고 수요일' '망고 그리고 겨울' 등) 그 밖에 과일과 관련된 다양한 상상이 적용한 시조를 창작해도 된다.

|  | 시조 쓰기 3단계 적용 |
|---|---|
| 1. 단계<br><br>스스로 점검하기<br>메시지 분명히 하기<br>+<br>내 시조만의 장점 찾기 |  |
| 2. 단계<br><br>객관적 상관물(현상)을 찾기<br>+<br>관찰과 조사 정밀하게 하기 |  |
| 3. 단계<br><br>확장하기<br>상상적 체험을 섬세하게<br>극적으로 하기 |  |

# 31. 상상 테마29 _ 동물 이미지로 상상하며 시조 쓰기

## @소재나 모티브가 갖는 특징과 상상 적용 방법

동물 이미지로 상상을 적용할 땐 A동물에게 A동물 이미지를 입히는 게 아니라 A동물에게 전혀 다른 성질의 이미지를 입히거나 다른 존재에게 A동물 이미지가 녹아있게 만들어야 한다. 예를 들어 고양이에게 고양이 이미지를 다시 입히면 재미도 없고 신선하지 않다. 그런데 상상을 통해 고양이에게 전혀 다른 존재의 이미지를 입히면 새로운 시조가 된다. "내 고양이는 한 권의 책이다" "몸 안에 발톱 같은 문장이 넘쳐난다" "고양이가 내 옆에 앉아서 불면을 할퀸다" "고양이라는 결말 속엔 외롭지 않다는 문장이 웅크리고 있다"라는 식으로 고양이에게 책 이미지를 입힐 수 있다. 반대로 어떤 존재에게 동물 이미지가 녹아있게 하는 방법도 좋다. 예를 들어 "고독은 바깥을 향한 발톱이 없다" "적막의 심장은 고요할 때조차 세차게 뛴다" "어둠이 깔리면 덩굴줄기 속에서 뱀들이 쏟아져 나온다" "동물성을 먹고 쑥쑥 자라는 콘크리트" "의자가 낙법을 품고 있다" 등처럼 상상을 가미하면 시조를 쓰고 싶은 마음이 솟구친다.

이렇듯 동물 이미지는 상상을 통해 무한대로 확장이 가능하다. 그러니 동물 이미지를 나타내는 단어를 평소에 많이 메모해 놓았다가 이질적인 것과 접목하는 연습을 자주 해야 한다.

동물 이미지와 관련된 단어만 가지고도 상상을 적용할 수 있다. 번식, 자생, 야생, 야만, 동물성, 천적, 낙태, 포식, 피식, 송곳니, 반려, 회귀, 야행성 등의 단어가 있을 경우, 그 단어를 동물이 아닌 존재와 결합시켜 상상을 확장할 수 있다. (예시, 슬픔이 번식한다. 고독이 자생한다. 나의 외로움은 야생이다. 일요일은 야만이다. 등)

<추천 예문>

## 알루 (Allu)*

장수남

오늘도 생존의 가이드라인 캄캄하다
사냥철이면 불모의 모퉁이가 되어가지만
새끼들 허기 달래려 비릿한 잠행 감행한다

등줄기 털 쭈뼛대는 썰매 개 울부짖음
얼음 속까지 파고들어 가쁜 숨 내쉬는데
마침내 떠오르기만 기다리는 작살들

끝날 줄 모르는 북극해의 야만성
정수리에 꽂힐 때 빙원은 붉은 밭이다
그 순간 어린 눈망울 점점 더 클로즈업 된다

그런데도 내가 입은 건 바다표범 가죽 코트
다큐멘터리 끝난 후에 눈물이 쏟아진다
벗은 후 몸 계속 씻어도 피비린내 진통한다

*바다표범이 숨을 쉬기 위해 언 바다에 혀로 녹여 만든 숨구멍임.

— 제20회 고산문학대상 시조부문 신인상 당선작

# 악어

이송희

늪 속에 웅크린 채 누 떼를 기다렸다
아마존 깊은 곳에 복병처럼 숨어서
늪 속에 발을 헛디딘
작고 여린 놈들을

진흙에 발이 빠진 슬픔을 어루만지며
아가리를 벌려서
신음까지 삼킨다
위장을 가득 채우는
침묵이 번지는 소리

입 안 가득 박혀 있는
언어의 찌꺼기들
벌어진 이빨 사이에 악어새가 둥지 틀고
살점 낀 시의 행간들, 햇살에 말린다

쉬잇, 또 한 마리 새끼 누가 다가온다
매복을 알면서도 다가오는 넌 누구냐?
아가리 굳게 다문 채
침묵을 지키는 늪

─『이름의 고고학』, 책만드는집, 2015.

## 동물의 왕국

박화남

가까운 거리에서 가장 먼 거리 사이
전화가 울리기 전 내가 먼저 걸었다
우리를 벗어났어도 주파수는 잡혔다

화면 속의 사자가 나를 향해 다가온다
전력으로 뛰어도 맴을 도는 그 자리
오늘을
따돌리려고
어제를 물어뜯었다

간만의 차이로 잡히거나 살아남거나
식탁 위로 물고 온 한 근의 저녁노을
사자가
소파에 앉아
채널을 핥고 있다

―《공정한 시인의 사회》, 2021년 3월호.

< 직접 써 보세요 >

*아래에서 제시한 예시 구절이나 문장처럼 동물 이미지와 이질적인 것이 결합된 구절이나 문장을 만든 다음, 그 문장을 바탕으로 상상을 가미해 한 편의 시조를 창작하시오. 반드시 시조 쓰기 3단계를 채워 넣은 다음 쓰시오.

― 예시 구절이나 문장: '고독은 바깥을 향한 발톱이 없다' '적막의 심장은 고요할 때 세차게 뛴다' '어둠이 깔리면 덩굴줄기 속에서 뱀들이 쏟아져 나온다' '동물성을 먹고 쑥쑥 자라는 콘크리트' '의자가 낙법을 품고 있다' '내 고양이는 한 권의 책이다' '몸 안에 불면의 페이지가 넘쳐난다' '사생아처럼 태어난 문장이 밤을 할퀸다' '고양이라는 결말 속엔 외롭지 않다는 문장이 웅크리고 있다' 등

|  | 시조 쓰기 3단계 적용 |
|---|---|
| 1. 단계<br><br>스스로 점검하기<br>메시지 분명히 하기<br>+<br>내 시조만의 장점 찾기 | |
| 2. 단계<br><br>객관적 상관물(현상)을 찾기<br>+<br>관찰과 조사 정밀하게 하기 | |
| 3. 단계<br><br>확장하기<br>상상적 체험을 섬세하게<br>극적으로 하기 | |

## 32. 상상 테마30 _ 'A 안에 B가 산다' 문장 구조로 상상하며 시조 쓰기

### @ 'A 안에 B가 산다' 구조가 갖는 특징과 상상 적용 방법

'A 안에 B가 산다'는 대상과 동일화를 이루기 위해 펼치는 상상 중에 하나다. 필자는 이미 『시클』에서 이 동일화 방법에 대해 강의한 적이 있다. 내용을 일부 인용하면 다음과 같다.

동일화란 단순히 말하면 존재와 존재의 '같아짐'이다. A의 상태를 A의 행위나 A의 태도로 표현하면 신선함을 줄 수 없기에 유사성이 존재하는 B라는 대상을 끌어와 비유하거나 동화나 투사를 활용해 확장하면 된다.

동화(同化)는 타 대상의 속성이 자아 안에 존재한다고 여기는 것이다. 타 대상을 자아화 하는 방식인데, '나는 오늘부터 절벽이다/ 내 안엔 뛰어내릴 준비를 하고 있는 사랑이 있고/ 수직으로만 자라는 가파른 무작정이 있다'라고 표현했을 때, 자아(나)를 절벽화하여 표현하는 방식이 바로 동화이다. 자아 안에 다른 존재의 속성이 내재되어 있다고 생각하는 것이 동화인 것이다. 투사(投射)는 반대로 자아가 타 대상 안에 들어가 타 대상의 일부가 되어서 타 대상의 속성을 갖게 되는 것을 말한다. 화자가 자신 속에 존재하는 정서나 태도 등을 자신으로부터 떼어내 타 존재에 이식시켜 그곳에 존재하게 하는 방식이다. 그런데 타 대상 안에 존재하게 되는 과정은 투사지만 타 대상과 하나가 되는 과정은 동화로 이루어진다는 점을 염두에 둘 필요가 있다. "백 년을 바위 속에서 살자/ 바위의 사상이 내 안에서 자라기 시작했다"라고 표현하면 처음엔 '나'가 '바위' 속에 들어가 살기에 투사지만 나중엔 '나'가 '바위'의 사상을 받아들이기에 동화가 되어버리는 결과를 낳는다. 그런데 "난 그날 밤 아버지 안으로 들어갔다/ 아버지를 할퀴고 찌르며 숨통을 조였다/ 아버지는 악몽을 견디듯 나를 견디다가 잠에서 깨어났다"라고 표현하면 투사 후에도 동화가 일어나지 않는 경우에 해당한다.
　—『시클』, 고요아침, 2015, 313~316쪽.

　이런 동일화 방법 중에서 '대상이나 타자 안에 살고 있는 화자를 체험하라'라고 쓴 소제목의 장(章)이 바로 'A 안에 B가 산다'와 같은 상상이다. 어떤 존재 안에 이질적인 대상이 살고 있는 형태를 상상하면 되는 것이다. 예를 들어 "어머니 안에 구름이 산다" "구름 속에 아버지가 산다" "새 안에 뱀이 둥지를 틀었다" "심장 속 슬픔이 자신을 증명한다" "우리 안에 우리 아닌 것들만 산다" 등의 상상이 거기에 해당하는 방식이다.

<추천예문>

## 내 눈 속의 붉은 마녀

서상희

거울을 바라보네 내 눈 속 머리카락
어제보다 자라났네 검붉게 물들었네
오늘은 자소설*쓰네 이틀밤을 새우며

입안 가득 종이 넣고 꼭꼭 눌러 씹었네
갈등극복 영웅기 이왕이면 대서사시
사실은 나트륨이던 조미료 인생사여

2002 빨간색 풍선은 부풀었네
2014 수능은 수리가 중요했네
엄마는 내 그림자를 돌돌 마네 베어 무네

특기는 돌진하며 들이받기 잘합니다
취미는 빵처럼 잘 부풀어 오릅니다
한 움큼 하룻밤 마다 자라난 혓바닥들

영웅이 되리라 눈 속의 붉은 실을
눈 밖으로 꺼내 붉은 카펫 짜리라
그 위에 궁전을 짓고 붉은 마녀 되리라

*자소설이란? 자신을 돋보이게 하기 위해 과장된 내용이 포함되어 있는 취업 준비생들의 자기소개서를 일컫는 말이다

― 2015년 조선일보 신춘문예 당선작

## 내 몸속의 향유고래

구애영

아무도 플라스틱을 보여준 적 없기에
내 몸은 그 투명이 희극인 줄 알았다
뱃속에 가득한 쓰레기
별책 같은 수평선

세상의 난바다는 구름결을 제본한 듯
지워진 파문을 저어 적막을 헤엄쳐 간다
내 몸속 또 하나의 바다
서문으로 펼쳐놓고

슬픈 향기 한 줌 쥐고 태평양을 가를 때
눈물 없는 심연으로 새로운 장르 탄생한다
끝없이 돌고 돌아서
움직이는 섬이 되리

―《좋은 시조》, 2021년 가을호.

< 직접 써 보세요 >

*아래에 제시된 예시 문장을 참고하여 자신만의 'A 안에 B가 산다'라는 문장을 만드시오. A와 B 자리에 최대한 이질적인 단어를 넣으시오. 그런 다음 상상적 체험을 극단까지 펼치시오. 꼭 시조 쓰기 3단계를 채워 넣은 다음 한 편의 시조를 창작하시오.

— 예시 문장: '어머니 안에 구름이 산다' '구름 속에 아버지가 산다' '새 안에 뱀이 둥지를 틀었다' '심장 속 슬픔이 자신을 증명한다' '우리 안에 우리 아닌 것들만 산다' 등.

|  | 시조 쓰기 3단계 적용 |
|---|---|
| 1. 단계<br><br>스스로 점검하기<br>메시지 분명히 하기<br>+<br>내 시조만의 장점 찾기 |  |
| 2. 단계<br><br>객관적 상관물(현상)을 찾기<br>+<br>관찰과 조사 정밀하게 하기 |  |
| 3. 단계<br><br>확장하기<br>상상적 체험을 섬세하게<br>극적으로 하기 |  |

## 33. 상상 테마31 _ '○○의 세계'들로 상상하며 시조 쓰기

### @ '○○의 세계' 를 상상에 적용할 때

어떤 세계는 익숙하지만 어떤 세계는 낯설다. 물의 세계, 불의 세계, 꿈의 세계, 어린이의 세계, 어른의 세계, 웃음의 세계, 울음의 세계는 많이 들어본 세계이지만, 기억이 없는 저수지의 세계, 뜨거운 얼음의 세계, 꿈을 벗어난 꿈의 세계, 어른만 모르는 어른의 세계, 어른을 뒤집어쓴 어린이의 세계는 묘한 느낌을 풍기는 낯선 세계다. 이렇게 1차원적인 세계를 다른 방향으로 뒤틀거나 이질적인 것을 결합하면 익숙함을 벗어난 나만의 세계를 가질 수 있다.

다음에 제시한 세계들도 바로 그런 세계들이다. 허무의 세계, 맹인의 세계, 묵음의 세계, 마우스의 세계, 소품의 세계, 치욕의 세계, 비굴의 세계, 남겨진 것들의 세계, 만약이 사는 세계, 웃고 있는 이별의 세계, 알약이 모르는 밤의 세계, 허공을 걸어 다니는 뿌리의 세계, 살아있는 인형들의 세계, 오른쪽을 사랑한 왼쪽의 세계, 타인을 위한 가면의 세계, 날개를 벗어난 새의 세계, 애인을 밀어내는 애인의 세계, 소심한 방의 세계, 슬픔이 춤을 추는 다정의 세계 등.

<추천예문>

뫼비우스 띠

최정희

어디가 시작이고 어디가 끝이던가
어제가 오늘 같고 오늘이 내일 같다
앞과 뒤 구분이 없는 끝없는 무한궤도

변함없이 반복되는 무의미한 하루 또 하루
밖을 향해 걸었는데 안쪽에 당도했다
극적인 반전은 없다 돌아 돌아 다시 제자리

새벽 그 여명 속에서 빛과 어둠이 하나이듯
삶과 죽음은 파장에 따른 생의 연속 스펙트럼
오늘의 지는 저 해가 내일의 태양이다

—《시조시학》, 2021년 봄호.

# 서복*

박민교

저 애절한 눈빛도
조작이 가능할까
오만傲慢의 성역 앞에 오만嗚滿 한 건 형상이다

똑같은 복사판들이
실제보다 더 실제 같다

영생을 위한다는
교란攪亂의 결정체들
행운이라는 위안의 말 읽자마자 지워낸다

당신과 복제된 나 사이
촌수를 알 수 없다

* 영화 <서복>은 인류 최초의 죽지 않는 복제인간을 다뤘다.

—『나무가 된 나를 심다』, 고요아침, 2021.

# 뫼비우스 띠

이송희

입에 발린 말들이 껌처럼 들러붙었지

　낙하산 탄 사람들이 자리 깔고 앉아서 학연과 지연에 얽힌 내력을 풀고 있지 질기디질긴 연들을 하늘 높이 띄웠지 연결어미로 이어진 시간의 계보들 휘날리는 문장력에 수울~술 넘어갔지 얼레에 감긴 하루를 수울~술 풀어 날렸지 단물이 빠질 때까지 질근질근 씹던 문자 뒤얽힌 생각 몇 줄을 풀고 또 풀었지 입에 발린 말들 뒤로 달라붙는 혓바닥

　익숙한 길들만 모여 똬리를 트는 밤

　—『아포리아 숲』, 책만드는집, 2011.

< 직접 써 보세요 >

*아래에 제시하는 구절처럼 자신만의 독특한 세계를 설정하시오. 그런 다음 그 세계 속에서 상상을 마음껏 펼치시오. 이제 시조 쓰기 3단계를 채워 넣은 다음 한 편의 시조를 창작하시오.

— 제시 구절: 기억이 없는 저수지의 세계, 뜨거운 얼음의 세계, 꿈을 벗어난 꿈의 세계, 어른만 모르는 어른의 세계, 어른을 뒤집어쓴 어린이의 세계, 허무의 세계, 맹인의 세계, 묵음의 세계, 마우스의 세계, 소품의 세계, 치욕의 세계, 비굴의 세계, 남겨진 것들의 세계, 만약이 사는 세계, 웃고 있는 이별의 세계, 알약이 모르는 밤의 세계, 허공을 걸어 다니는 뿌리의 세계, 살아있는 인형들의 세계, 오른쪽을 사랑한 왼쪽의 세계, 타인을 위한 가면의 세계, 날개를 벗어난 새의 세계, 애인을 밀어내는 애인의 세계, 소심한 방의 세계, 슬픔이 춤을 추는 다정의 세계 등.

|  | 시조 쓰기 3단계 적용 |
|---|---|
| 1. 단계<br><br>스스로 점검하기<br>메시지 분명히 하기<br>+<br>내 시조만의 장점 찾기 |  |
| 2. 단계<br><br>객관적 상관물(현상)을 찾기<br>+<br>관찰과 조사 정밀하게 하기 |  |
| 3. 단계<br><br>확장하기<br>상상적 체험을 섬세하게<br>극적으로 하기 |  |

## 34. 상상 테마32 _ 골목, 터널, 구멍 이미지로 상상하며 시조 쓰기

**@골목, 터널, 구멍 이미지를 상상에 적용할 때**

골목과 터널과 구멍은 전부 시작, 과정, 끝이라는 경로를 품고 있다. 골목은 집으로 돌아가는 자에게 귀소본능, 이탈 심리 등의 정서를 제공하고, 터널은 통과해야 하는 강박관념을 제공한다. 또한 구멍은 안이 궁금하게 만드는 물음표를 제공한다.

안쪽에서 일어나는 현상과 과정은 더욱 흥미롭다. 골목의 경우를 먼저 살펴보자. 골목엔 오래된 풍경들이 살고 있다. 낡은 세탁소나 작은 슈퍼를 지나면 설치한 지 오래된 가로등이 좁은 골목을 비춘다. 점점 안쪽으로 들어갈수록 풍경의 호흡은 가빠진다. 개 짖는 소리, 싸우는 소리가 끼어들고 삭아 내리는 담벼락 너머로 나뭇가지나 꽃들이 말을 걸어온다. 가파른 지점을 통과할 땐 독특한 냄새까지 따라붙는다. 가난의 냄새라고나 할까. 그렇게 골목 속엔 잡다한 현상과 사물들이 과정을 구성하고 있다. 터널의 과정은 단조로운 편이다. 그런데도 파격적이거나 파국적인 이미지를 품고 있다. 사고가 나면 어마어마한 공포와 두려움으로 이어질 수 있다. 그래서 불안하다. 최대한 빨리 빠져나가고 싶다. 폭설이라도 내린 날이면 잔뜩 긴장하면서 통과해야 한다. 이렇게 터널의 과정 속엔 단조로움을 뛰어넘는 예기치 못한 '사건'이 내재되어 있다. 구멍 하고 발음하면 각자만의 구멍이 떠오르고 안쪽도 상상된다. 직간접적인 경험 맥락에 따라 수많은 구멍 속 세계가 펼쳐진다. 그러니 구멍 속 과정은 각자만의 몫으로 남는다.

끝은 열려 있거나 닫혀 있거나 둘 중에 하나다. 열려 있으면 출구가 되지만 닫혀 있으면 막막함이 된다. 열려있는 경우보다 닫혀 있는 경우가 더욱 흥미로움을 유발한다. 무언가와 마주칠 것만 같고 이야기 하나가 불쑥 끼어들 것만 같다.

시조를 쓸 땐 이런 속성을 충분히 인식한 후 골목과 터널과 구멍에 대한 상상을 낯설게 펼쳐야 한다. 예상치 못한 존재가 살거나 숨어있게 만드는 방법이 가장 쉽다. 예를 들어 "이 골목엔 고독들이 잔뜩 모여 산다" "전설에서 빠져나온 이야기가 터널 속에서 기다리고 있다" "구멍은 소화력이 좋다. 구멍은 구멍을 먹고 길어진다" "그리움이라는 구멍 속으로 사라진 나의 7년"과 같은 상상을 펼쳐야 한다. 또 하나의 방법은 다른 존재 안에 살고 있는 골목과 터널과 구멍을 상상해 보는 것이다. 예를 들어 "어머니의 기억 속 골목은 점점 폭이 좁아졌지만 아버지 기억 속 구멍은 점점 넓어졌다" "누가 슬픔 속에 터널을 뚫어놓았나? 눈물이 줄줄 새고 있다" "구멍이 많은 사람과 적은 사람이 결혼하면 어떤 아이가 태어날까"와 같은 상상을 펼치면 된다.

<추천예문>

## 칫솔
— 여행자의 골목 5

염창권

입술이 꽃잎처럼 오므렸다 펼쳐진다
이 구멍은 날 끌어, 당기는 표정이다
몇 차례 마음의 공중을 건너온 듯,
붉어져서

눕혀놓은 길 위에서 서성이다,
어둑해진
섬모처럼 조금씩 닳아가는 나날들
모근이 휘어지면서 생각들을 솎아낸다

누구든지 제 생애의 길을 간다,
죽도록
입 안에서 길 하나 쏟아져 나올 때까지
빨대를 꽂아놓은 관管,
내통이 길고 진하다

— 《정형시학》, 2021년 여름호.

## 골목의 온도

표문순

주름이 깊게 박힌 남자 둘이 걸어간다
처진 배와 꼬인 스텝 온몸으로 취해서
거칠고 다정한 얘기 벌겋게 따라간다

맞잡은 두 손으로 골목은 깊어진다
술잔의 리듬으로 어둠은 밀려나고
우직한 수소 두 마리 자정을 통과한다

작업복에 묻어있는 얼룩을 보듬으며
밤처럼 무뚝뚝한 노동의 손바닥을
닳도록 감싸 쥐고서 서로에게 물들어간다

―『공복의 구성』, 고요아침, 2019.

< 직접 써 보세요 >

*아래에서 제시한 예시 구절이나 문장처럼 골목, 터널, 구멍과 관련된 구절과 문장을 만든 다음, 그 문장을 바탕으로 한 편의 시조를 창작하시오. 반드시 시조 쓰기 3단계를 채워 넣은 다음 쓰시오.

— 예시 구절이나 문장: '이 골목엔 고독들이 잔뜩 모여 산다' '전설에서 빠져나온 이야기가 터널 속에서 기다리고 있다' '구멍은 소화력이 좋다. 구멍은 구멍을 먹고 길어진다' '그리움이라는 구멍 속으로 사라진 나의 7년' '어머니의 기억 속 골목은 점점 폭이 좁아졌지만 아버지 기억 속 구멍은 점점 넓어졌다' '누가 슬픔 속에 터널을 뚫어놓았나? 눈물이 줄줄 새고 있다' '구멍이 많은 사람과 적은 사람이 결혼하면 어떤 아이가 태어날까' 등.

| | 시조 쓰기 3단계 적용 |
|---|---|
| 1. 단계<br><br>스스로 점검하기<br>메시지 분명히 하기<br>+<br>내 시조만의 장점 찾기 | |
| 2. 단계<br><br>객관적 상관물(현상)을 찾기<br>+<br>관찰과 조사 정밀하게 하기 | |
| 3. 단계<br><br>확장하기<br>상상적 체험을 섬세하게<br>극적으로 하기 | |

## 35. 상상 테마33 _ 나무, 산, 숲 이미지로 상상하며 시조 쓰기

### @나무, 산, 숲 이미지를 상상에 적용할 때

우리나라는 국토의 70%가 산이다. 그러다 보니 생활 속에서 매일 하나 이상의 산을 보게 된다. 나무는 더욱 흔하다. 가로수, 정원수가 근거리에 항상 배치되어 있고 베란다에 화분을 놓고 키우기도 한다. 숲도 마찬가지다. 나무가 우거진 곳을 숲이라고 하니, 산(주변의 땅보다 훨씬 높게 우뚝하게 솟아 있는 땅덩이)과 일부러 구분하지 않으면 우리나라에서 낮은 산은 대부분 숲이 된다.

이렇게 생활과 밀착되어 있는 나무, 산, 숲을 질료로 활용하여 상상을 펼칠 땐 우선 나무, 산, 숲 자체를 낯설게 만들어야 한다. 식물성의 습성을 가진 것들로부터 이질적인 것들을 발견하거나 이질적인 것들과 식물성을 융합시켜서 새로운 이미지를 창출해야 한다.

"언제부터인가 산이 자꾸 나에게 말을 걸어온다" "산속에 사는 짐승 중에 가장 번식력이 좋은 것은 적막이다" "오늘은 산에게 건축학 개론을 듣는다" "숲의 호위를 받으며 새들은 나무의 심장을 물어 나른다" "불탄 나무의 장례식에 초대된다" 등과 같은 이질성이 가미된 상상을 펼치면 시조를 쓰고 싶은 마음이 자리하게 된다.

또 하나의 상상은 다른 존재 안에서 나무, 산, 숲의 이미지를 발견하는 것이다. "언니의 기억 속엔 검은 숲이 있다" "종이에게서 나무의 유언을 발견하는 일은 쉽지만 나무의 신음 소리를 발견하는 일은 어려웠다" "오지랖이 넓던 아버지의 몸속엔 활엽수가 많았지만 사는 내내 겨울이었던 어머니의 몸속엔 시들지 않는 침엽수들이 많았다" "내 기다림이 산맥을 이룬 채 뻗어갔는데도 당신은 돌아오지 않는다" "아이가 자꾸 나무의 말을 중얼거린다"처럼 다른 존재 안에 살고 있는 나무, 산, 숲의 이미지를 생각해낼 수 있다.

독특한 특징과 특성을 가진 나무도 상상의 질료가 된다. 특별한 장소나 특별한 계절 속에서만 자라는 나무들, 독특한 방식으로 생존을 이어가는 나무들이 그런 종류의 나무들인데, 물 위에 떠서 자라는 나무, 사막을 굴러다니면서 생존하는 나무, 연리지, 식육성 나무, 음지에서 자라는 나무 등이 거기에 속한다.

<추천 예문>

금강송

정수자

군말이나 수사 따위 버린 지 오래인 듯

뼛속까지 곧게 섰는 서슬 푸른 직립들

하늘의 깊이를 잴 뿐 곁을 두지 않는다

꽃다발 같은 것은 너럭바위나 받는 것

눈꽃 그 가벼움의 무거움을 안 뒤부터

설봉의 흰 이마들과 오직 깊게 마주설 뿐

조락 이후 충천하는 개골(皆骨)의 결기 같은

팔을 다 잘라낸 후 건져 올린 골법(骨法) 같은

붉은 저! 금강 직필들! 허공이 움찔 솟는다

—『허공 우물』, 천년의시작, 2009.(제22회 이영도시조문학상 수상작)

## 화살나무 편지

정용국

화살나무 봄 촉에 애틋함을 엮어서
내 힘껏 시위를 당겨 그대에게 보냈지만

애당초 글렀습니다
달뜬 봄을 눅이기엔

허투루 매단 마음
맥없이 찢어지고

쏜살같이 날아가서 빗맞은 과녁에는

도저히 가늠할 수 없이
휘갈겨 쓴 욕심뿐

저무는 산허리엔
영산홍 지천인데

쪽창을 반쯤 열다 군불을 지펴놓고

비긋는 저녁 어름이
시리도록 씁디다

— 『난 네가 참 좋다』, 실천문학사, 2015.

## 숲에서 듣다

정혜숙

짧은 경적도 없이 가을이 도착했다
햇살 잦아드는 반 그늘의 숲속에
출구를 찾아 헤매는
어지러운 음절들

산벚나무 궁리 끝에 남은 잎마저 내려놓고
울음 그치지 못하는 늙은 저, 화살나무
한 줄기 바람 불어와
눈물 잠시 말리는 사이

부족한 필력으로는 감당하지 못한다
저무는 숲에 뒹구는 서러운 절명시
먼데서 새가 한 마리
곡비처럼 길게 운다

—『흰 그늘 아래』, 동학사, 2013.

< 직접 써 보세요 >

*아래에 제시한 구절이나 문장을 참고하여 나무, 산, 숲의 이미지가 결합된 자신만의 문장을 만드시오. 그런 후 시조 쓰기 3단계를 채워 넣은 다음 한 편의 시조를 창작하시오.

― 제시 구절이나 문장: '언제부터인가 산이 자꾸 나에게 말을 걸어온다' '산속에 사는 짐승 중에 가장 번식력이 좋은 것은 적막이다' '오늘은 산에게 건축학 개론을 듣는다' '숲의 호위를 받으며 새들은 나무의 심장을 물어 나른다' '불탄 나무의 장례식에 초대된다' '언니의 기억 속엔 검은 숲이 있다' '종이에서 나무의 유언을 발견하는 일은 쉽지만 나무의 신음 소리를 발견하는 일은 어려웠다' '오지랖이 넓던 아버지의 몸속엔 활엽수가 많았지만 사는 내내 겨울이었던 어머니의 몸속엔 시들지 않는 침엽수들이 많았다' '내 기다림이 산맥을 이룬 채 뻗어갔는데도 당신은 돌아오지 않는다' '아이가 자꾸 나무의 말을 중얼거린다' 등

|  | 시조 쓰기 3단계 적용 |
|---|---|
| 1. 단계<br><br>스스로 점검하기<br>메시지 분명히 하기<br>+<br>내 시조만의 장점 찾기 |  |
| 2. 단계<br><br>객관적 상관물(현상)을 찾기<br>+<br>관찰과 조사 정밀하게 하기 |  |
| 3. 단계<br><br>확장하기<br>상상적 체험을 섬세하게<br>극적으로 하기 |  |

## 36. 상상 테마34 _ 계절적 요소를 바탕으로 상상하며 시조 쓰기

### @계절적 요소를 상상에 적용할 때

계절은 살아가는 내내 우리에게 많은 영향을 끼치는 현상이다. 생활, 정서(심리), 사고(思考), 생존 등이 계절적 요소에 개입을 받아 이루어진다. 그만큼 영향력과 밀착성이 높은 것이 계절인 셈인데, 왜 시조에만 쓰면 실감이 나지 않고 뻔한 느낌을 주는 걸까?

그것은 개별적 요소와 낯설게 하기의 요소를 계절에 적용하지 않았기 때문이다. 개별적 요소는 화자나 시적 대상만이 느끼는 계절에 대한 감각이나 심리 상태이다. 그리고 낯설게 하기는 개별적 요소가 개별 표현 양식을 만나 언어화되었을 때 나타난 신선한 느낌이다. 그러니 계절적 요소를 최대한 개별화시킨 다음 낯설게 하는 방법에 대해 심사숙고하면서 시조를 써야 한다.

우선 어떤 사람에게 어떤 계절을 만나게 할 것인가에 대해 생각해야 한다. 예를 들어 이별의 정서로 시조를 쓴다고 했을 때 한파가 몰아치는 겨울밤에 이별하는 게 좋을까? 폭우가 쏟아지는 저녁에 이별하는 게 좋을까? 꽃이 만개하는 봄날 낮에 이별하는 게 좋을까? 하는 것을 선택해야 한다. 구체적인 봄날을 선택했다면 그 상황과 관련된 상상을 더욱 펼쳐야 한다. 화자가 어떤 상태에서 이별할 것인지, 공간은 어디로 할 것인지 등을 정한 후 상상을 극단까지 끌고 가야 한다.

그런 다음 하나의 매력적인 시적 메시지를 정하고 그것과 관련된 상상을 나열해 보는 것이다. 예를 들어 "겨울인데 이별이 만개했다" "광장에 아무도 없는데 당신의 냄새가 흐드러진다" "오늘부터 낮의 색깔은 암흑이다" "이별의 안감으로 필요한 것은 후회가 아니라 비난이다" "눈물의 실뿌리가 끝도 없이 뻗어간다" "외로움은 번식력이 좋다" "심장에서 첫이란 단어가 살다가 사라졌다" 등의 구절을 나열할 수 있다. 그러면 상상을 바탕으로 한 시조 쓰기의 기반이 형성된다.

특별한 계절을 착안해서 쓰는 방법도 있다. '3인칭만 사는 계절' '아이러니가 쑥쑥 자라는 계절' '금요일이 사라진 계절' '언니를 몰래 삼킨 계절' '백색 계절' '1인용 계절' '사막만 있는 계절' '몽상이 때때로 찾아오던 계절' '슬픔에게 저당 잡힌 계절'과 같은 자신만의 특별한 계절을 상상한 후 써나가면 된다.

＜추천예문＞

봄빛 시집

오종문

보리밭 봄눈들의 주체못한 한가로움
종일 어쩌지 못해 한가지로 수작 건다
우르르 몰려나와서
참던 말을 터트린다

웅크린 낱말들이 문장 속에 깨어나고
시절은 시절대로 무한대로 흘러가서
들바람 콸콸 쏟으며
젖어가는 중이다

흙발 속 불덩이로 타오르는 것이리라
필경 먼 휘파람에 젖어가는 것이리라
한 사람 여생의 봄을
함께 사는 것이리라

해 뜨고 해 지는 일 한가지로 바라볼 때
푸르게 더 푸르게 나부끼는 풀꽃 심상心象
마침내 봄빛 깨치고
은유 하나 새긴다

―《서정과현실》, 2021년 상반기호.

## 봄을 이식하다

최양숙

파리한 얼굴을 하고 그녀가 불쑥 왔다
사라진 바람 찾아 조금 더 살고 싶다며
가슴을 쓱쓱 문지른다
꿈도 빌려 달란다

의지와 상관없이 몇 번씩 몸을 꿰매고
세상에 지는 법도 알게 됐다 말할 때는
가려도 가려지지 않는
앙상함이 보였다

돌 아래 숨은 봄이 저마다 들썩인다
숲으로 풀밭으로 소독 냄새 밀려온다
그녀는 지금 회복 중
햇살을 이식받는 중,

― 《정형시학》, 2021년 여름호.

## 겨울 등광리 2
— 낡은 집

박현덕

허리가 구부러져
하늘 못본 토담집

한 사내의 흔적을
흠모하다 간 술병이

함실에
그렁그렁 괴여
시간을 가두고 있다

겨우 몸을 숙이고
들어간 안방에는

도굴당한 흔적처럼
흙벽도 무너지고

늦저녁
달빛 한 자락
이불처럼 깔린다

—『겨울 등광리』, 고요아침, 2016.

< 직접 써 보세요 >

*여기서 제시하는 구절을 바탕으로 시조 쓰기 3단계를 채워 넣은 다음 시조를 한 편 창작하시오.

― 제시 구절: '3인칭만 사는 계절' '아이러니가 쑥쑥 자라던 계절' '금요일이 사라진 계절' '언니를 몰래 삼킨 계절', '백색 계절' '1인용 계절' '사막만 있는 계절' '몽상이 때때로 찾아오던 계절' '슬픔에게 저당 잡힌 계절' 등 ('계절'이란 단어가 배치된 자리에 계절과 관련된 다른 단어를 넣어도 된다. 봄, 여름, 가을, 겨울, 환절기, 간절기, 24절기 등의 단어가 모두 해당된다. 이 밖에 본인이 착안한 특별한 계절이 있다면 그것을 바탕으로 창작을 해도 좋다.)

|  | 시조 쓰기 3단계 적용 |
|---|---|
| 1. 단계<br><br>스스로 점검하기<br>메시지 분명히 하기<br>+<br>내 시조만의 장점 찾기 |  |
| 2. 단계<br><br>객관적 상관물(현상)을 찾기<br>+<br>관찰과 조사 정밀하게 하기 |  |
| 3. 단계<br><br>확장하기<br>상상적 체험을 섬세하게<br>극적으로 하기 |  |

## 37. 상상 테마35 _ 꽃 이미지를 바탕으로 상상하며 시조 쓰기

### @꽃 이미지를 상상에 적용할 때

우리나라엔 너무나 많은 종류의 꽃들이 살아간다. 향과 모양, 피는 방식도 다양하여 사람의 눈과 코를 황홀하게 만든다. 그렇게 일상과 삶을 통해 만나는 꽃을 상상에 적용할 땐 관습적인 꽃 이미지를 버리고 꽃이 가진 속성을 정밀하게 관찰해야 한다. 씨앗, 뿌리, 줄기, 송이, 화관, 화심, 개화기, 광합성 등이 가지고 있는 이미지를 전부 백지화시키고, 개별자의 눈으로 다가가 익숙함을 뛰어넘는 나만의 지점과 만나야 한다.

예를 들어 꽃을 피우는 힘은 어디서 오는가? 뿌리의 흡수 능력과 잎의 광합성 작용이 합쳐져 대부분 이루어진다. 그런데 상상을 통해 그것을 다르게 인식하게 되면 꽃을 피우는 힘은 무한대로 넓어지게 된다. 딱히 정해져 있지 않다는 뜻이다. 어떤 개별자의 심리 상태와 태도를 대변하느냐에 따라서 발화(發花)를 하게 하는 힘은 달라진다. 그런 인식에 도달할 때, 'A의 힘으로 꽃은 핀다'라는 문장이 있을 때 A의 자리에 다양한 단어를 넣어볼 수 있는 여유가 생긴다. 고독, 외로움, 한숨, 슬픔, 집착, 수요일, 눈물, 새, 꽃말, 독백, 서른 살, 피 등을 넣어보게 되면 묘한 시상이 머릿속에 그려진다. (고독의 힘으로 꽃은 핀다. 한숨의 힘으로 꽃은 핀다, 집착의 힘으로 꽃은 핀다, 피의 힘으로 꽃은 핀다 등등)

보들레르의 '악의 꽃'처럼 '적막의 꽃' '목요일의 꽃' '서른 살의 꽃' '이별의 꽃' '뿌리 없는 꽃' '꽃을 사랑한 꽃' '피의 꽃'이란 독특한 제목을 붙여도 좋다.

꽃이 할 수 없는 것을 하게 만드는 상상도 시도해보자. '꽃이 꽃을 기록한다' '꽃을 위해 꽃을 삭제했다.' '꽃으로의 망명' '심장의 꽃(심장 속에 핀 꽃)' '낮에 피는 야화' 등의 상상을 하면 뭔가 오묘한 느낌을 주면서 나만의 시조에 닿을 것만 같다.

<추천예문>

풀꽃을 말하다

박복영

햇볕이 제 몸 꺾어 담벼락을 올라간 곳
담장 밑에 땅을 짚고 깨어난 풀꽃 하나
시간의 경계 밖으로 내몰린 듯 애처롭다

뿌리박고 살아있어 고마울 따름인데
손때 묻은 구절들이 꽃잎으로 흔들린다
흔하디 흔한 꽃으로 피어있는 이름처럼

살면서 부딪치며 견뎌온 시간들이
따가운 햇볕에 파르르 떨고 있다
켜켜이 자란 잎들이 꽃 향을 우려내고

풀꽃, 하고 부르면 네, 하고 대답할 듯
감아쥐고 올린 꽃은 또 흔들리고 흔들려도
중심을 잡고 일어선 꽃 대궁이 절창이다

— 2014년 경남신문 신춘문예 당선작

## 동강할미꽃의 재봉틀

김태경

솜 죽은 핫이불에 멀건 햇빛 송그린다
골다공증 무릎에도 바람이 들이치고
재봉틀 굵은 바늘이 정오쯤에 멈춰있다

문밖의 보일러는 고드름만 키워내고
숄 두른 굽은 어깨 한 평짜리 가슴으로
발틀에 하루를 걸고 지난 시간 짜깁는다

신용불량 최고장에 묻어오는 아들 소식
호강살이 그 약속이 귓전에 맴돌 때는
자리끼 얼음마저도 뜨겁게 끓어올랐다

감치듯 휘갑치듯 박음질로 여는 세밑
산타처럼 찾아주는 자원봉사 도시락에
그래도 풀 향기 실은 봄은 오고 있겠다

— 2017년 매일신문 신춘문예 당선작

# 철쭉

임유행

4월의 열기 한가운데 내가 있다

철쭉 저 불덩어리 손을 델 것 같은 아흐 징글징글한 환청 다 안다는 듯 모르는 척 나를 꿰뚫고 있다 불타는 시선들 한 치의 틈도 없는 스크럼을 짜고 4월을 돌려 달라 울부짖는 목청들 여긴 또 다른 팽목항인가 넘실거리는 파도 소리 신록의 캠퍼스엔 애기똥풀 달맞이꽃 노랑도 떼를 지어 떠내려가는데

절박한 목쉰 함성들 붉게 붉게 타고 있다

— 《시조미학》, 2021년 가을호.

< 직접 써 보세요 >

*아래에 제시한 예시 구절이나 문장처럼 꽃에 대한 낯선 이미지를 창출한 후 한 편의 시조를 창작하시오. 반드시 시조 쓰기 3단계를 채워 넣은 다음 쓰세요.

— 예시 구절이나 문장: '적막의 꽃' '수요일의 꽃' '서른 살의 꽃' '이별의 꽃' '뿌리 없는 꽃' '꽃을 사랑한 꽃' '피의 꽃' '꽃이 꽃을 기록한다' '꽃을 위해 꽃을 삭제했다' '꽃으로의 망명' '심장의 꽃(심장 속에 핀 꽃)' '낮에 피는 야화' 등.

| | 시조 쓰기 3단계 적용 |
|---|---|
| 1. 단계<br><br>스스로 점검하기<br>메시지 분명히 하기<br>+<br>내 시조만의 장점 찾기 | |
| 2. 단계<br><br>객관적 상관물(현상)을 찾기<br>+<br>관찰과 조사 정밀하게 하기 | |
| 3. 단계<br><br>확장하기<br>상상적 체험을 섬세하게<br>극적으로 하기 | |

## 38. 상상 테마36 _ 직전이나 직후 상황을 바탕으로 상상하며 시조 쓰기

**@직전이나 직후 상황을 상상에 적용할 때**

어떤 사건이나 특정 시간 혹은 특정 공간을 경험할 때, 경험의 직전과 직후는 본질적인 것을 드러내는 자리가 된다. 평상시에 드러나지 않던 가장 근본적이고 근원적인 존재성이 솔직한 심리 상태로 나타나는 지점이 되는 것이다.

예를 들어보자. 이별 상황에서 이별을 경험하기 전에는 그 사람의 속마음을 100% 알 수 없다. 그런데 이별 직전에 이르게 되면 사람의 본성이나 본질이 알몸으로 드러나게 된다. 또한 직전의 태도와 직후의 태도도 사뭇 다르게 나타난다. 이별의 경우 직후의 태도가 직전의 태도보다 더 진솔한 심리 상태를 반영한다.

이번 상상 테마에서는 철저히 화자 입장이 되어 특별한 경험에 대한 직전과 직후를 섬세하게, 솔직하게 생각해보기로 하자. 예를 들어 우리는 감옥에 갔다 온 적 없지만 시적 상상을 통해 감옥의 직전과 직후를 쓸 수 있다. 시조를 쓰기 전엔 화자의 경험 맥락을 무조건 구체적으로 인식해야 한다. 어떤 상태에서 감옥에 가느냐에 따라 직전과 직후에 따른 심리선이 확연히 달라진다. 최대한 안타까운 상황을 상상해 보자. 생계형 범죄의 경우로 설정했다면 화자가 갇히고 남겨진 식솔에 대한 마음을 시조로 쓸 수 있다. 그럴 때 이런 상상도 만날 수 있다. 그 사람은 "큰 감옥에서 작은 감옥으로 옮겨가는 느낌이 아닐까." 감옥에 가지 않고 일평생 가난하게 살다가 늙어 죽는다면 가난이 감옥이었을 거라는 상상. 그런 식으로 새로운 화자를 창출한 후 직전과 직후에 대한 상상을 적용하면 나만의 시조에 도달할 수 있는 기반이 생긴다.

실제적인 감옥이 아니라 상징적이거나 비유적인 감옥을 떠올리는 것도 좋다. 'A도 나에겐(당신에겐) 감옥이다' 이 문장에서 A 자리에 최대한 낯선 단어를 대입시켜보자. '봄도 나에겐 감옥이다' '다정도 나에겐 감옥이다' '어머니도 나에겐 감옥이다' '광장도 나에겐 감옥이다' '일요일도 나에겐 감옥이다' '녹색도 나에겐 감옥이다' '남쪽도 나에겐 감옥이다' 등의 문장을 만들게 되면 낯선 세계에 한발 다가서는 느낌이 든다. 그런 문장을 바탕으로 직전과 직후의 느낌을 섬세하게 형상화시킨다면 나만의 좋은 시조를 쓸 수 있다.

<추천 예문>

## 댓글, 그 뒤

정성호

앞길 캄캄 멍해진다, 환한 빛 대낮에도
갈까마귀 떼로 몰려 발기발기 찢는 유희
끝없이 파헤치는 부리 핏빛 노을 쏟아낸다

두려워 떨 때 있다, 한 발자국 내딛는 일도
'카더라'로 몰아넣는 막다른 길 높다란 담
어둠 속 절벽을 향해 외줄 하나 던져 건다

담벽 넘다 내민 손길 숨 막힌 달 꽉 붙든다
하늘로 올라선다, 고요 찾는 환한 웃음
그 눈물 강물로 흘러 아늑한 저 은하 되리

―《정형시학》, 2020년 봄호.

## 히아신스

박민교

이별한 애인이 버리고 간 화분 하나
기다림조차 품지 않은 정물로 돌아선다
햇살은 모른척하며
끝없이 쏟아진다

버릴까 말까 혼자 고민하는 사이에
흙덩이 밀어내고 촉들이 올라온다
아무리 이름을 불러도
대답 한 번 없더니

한때는 자폐인 듯 방치되어 버렸어도
오롯이 네 속 갇힌 죽은 계절 깨울 거다
연민의 눈짓이 되어
빈자리 파고든다

내가 가진 구근으로 꽃대를 올려야지
어둠을 소진시켜 詩의 말 피우면서
보랏빛 옹송그린 송이
팝콘처럼 화사하다

— 『나무가 된 나를 심다』, 고요아침, 2021.

< 직접 써 보세요 >

*아래에서 제시한 예시 문장처럼 낯선 경험에 해당하는 비유적 문장을 하나 창작한 다음 그 낯선 경험의 직전과 직후의 심리 상태를 상상하면서 한 편의 시조를 창작하시오. 반드시 시조 쓰기 3단계를 채워 넣은 다음 쓰시오.

— 예시 문장: '봄도 나에겐 감옥이다' '다정도 나에겐 감옥이다' '어머니도 나에겐 감옥이다' '광장도 나에겐 감옥이다' '일요일도 나에겐 감옥이다' '녹색도 나에겐 감옥이다' '남쪽도 나에겐 감옥이다' 등

|  | 시조 쓰기 3단계 적용 |
|---|---|
| 1. 단계<br><br>스스로 점검하기<br>메시지 분명히 하기<br>+<br>내 시조만의 장점 찾기 |  |
| 2. 단계<br><br>객관적 상관물(현상)을 찾기<br>+<br>관찰과 조사 정밀하게 하기 |  |
| 3. 단계<br><br>확장하기<br>상상적 체험을 섬세하게<br>극적으로 하기 |  |

## 39. 상상 테마37_ 바다 이미지로 상상하며 시조 쓰기

### @바다 이미지를 상상에 적용할 때

삼면이 바다로 둘러싸여 있고 섬들이 많은 대한민국에서 바다 이미지는 쉽게 접할 수 있는 모티브 중의 하나다. 마트나 시장에 가도 꼭 수산 코너가 있고 수많은 바다 영상이 TV나 유튜브 채널에 넘쳐난다. 그만큼 바다 이미지는 떼려야 뗄 수 없을 정도로 우리에게 친숙하다.

바다 근처에 살지 않더라도 우리의 뇌 속엔 언제나 바다가 헤엄쳐 다닌다. 그래서 그런지 바다와 관련된 작품을 시인들은 많이 창작하는 편이다.(바다 소재 문학상이 많은 것도 일부 기여함) 많이 창작되고 있지만 감수성을 새롭게 일깨워주는 좋은 작품을 만나기는 힘들다. 그러니 바다 이미지가 들어간 작품을 창작할 때도 신선한 상상력을 꼭 발휘해야 한다.

우선 본인이 형상화시키고 싶은 간절한 심리 상태나 나만의 존재론적 의미를 머릿속에 상정하자. 상정했더라도 곧바로 쓰면 안 된다. 간절함만 담는다고 해서 신선한 시조, 감동적인 시조가 되지 않는다. 진정성만 느껴질 뿐 '새로운 시조'라는 범주 안에 들어가지 않는다. 그러니 쓰고자 하는 메시지와 화자를 개별화시키는 작업을 해서 현장성과 생생함을 갖추어야 한다. 많이 접근하는 소재 중 하나가 갯벌에서 일하는 어머니이다. 뜨거운 태양과 맞서며 푹푹 빠지는 갯벌에서 반복적인 노동을 하는 어머니가 눈앞에 선하다. 생각만 해도 마음이 짠해진다. 그런데 그런 어머니 이미지는 누구나 쓸 수 있는 어머니이고 이미 많이 창작된 어머니다. 그러니 쓰고자 하는 것을 정할 때도 '나만의 작품을 어떻게 하면 쓸 수 있을까'하고 고민을 한 번 더 해야 한다. 최소한 비유적 상상력을 동원하는 센스가 필요하다. 상황 비유를 통해 어머니를 검은 무대에서 1인극을 하는 배우로 설정하면 어떨까. 물때 소리가 배경 음악처럼 깔리고 소품처럼 갈매기가 날아다닐 것이다. 흥얼거리는 대사는 독백이 아니라 방백이 될 거다. 어머니의 방백을 몰래 듣는 것은 낙지, 바지락, 게, 갯지렁이이고, 파도는 물거품으로 극의 클라이맥스를 더할 것이다.

상상을 적용할 또 하나의 방법은 바다와 상관없는 존재와 바다 이미지를 결합시키는 것이다. 예를 들어 철저하게 변방에서 고독하게 살아가는 사람을 형상화시킬 때 '난파'의 상황을 섞어서 그려낼 수가 있다. 그 사람과 난파는 직접적인 연관이 없지만 처지가 비유적으로 비슷하기 때문에 충분히 나만의 시조를 창작하는 데 도움이 된다.

바다 관련된 소재로 시조를 쓸 때 제일 많이 실수하는 것은 바다를 아는 체하는 것이다. 적당한 관찰, 적당한 사유, 적당한 체험으로 바다를 다 안다는 듯이 언술을 하며 그럴듯한 시조를 쓰는 사람들이 많다. 그럴 때 필자가 권하는 것은 바다를 배경으로 나오는 '극한 직업', '한국 기행' 영상을 수십 번 보라는 것이다. 생생한 삶의 현장을 먼저 극적으로 섬세하게 인식한 후 그것을 실감 나게 표현하는 연습을 우선해야 한다. 그런 다음 신선한 메시지와 새로운 발상(상상)이 동원되어야 한다.

< 추천 예문 >

아버지와 바다

조춘희

아버지 수면을
두드리지 마세요
수평의 긴장을
간신히 지탱하는
해저의
섬과 섬 사이
안간힘을 보세요

아버지 낚싯줄을
던지지 마세요
거멀못 박아둔 자리
새물이 차올라
파도는
푸른 비린내
바다를 토막내어요

아가야 염려 말고
바다를 보아라
달을 안고 뒤척이는
바다의 설렘을
지금 막
사랑을 품고

마음 붉어지는 찰나란다

― 2010년 경남신문 신춘문예 당선작

## 매생이가 온다
― 장흥 아재

김월수

뚝배기 배 한 척이 내 앞에 정박했다
뜨거운 매생이 앞 기억이 펑펑 운다
어둠 속 찰나를 뚫고
별빛만 건진 아재

삼 남매 어둠 속에 덩그러니 남겨두고
잠 설친 물결 따라 물질만 가시더니
오늘은 어느 바다의
초록 별 건지는지

그믐밤 물속 깊이 까맣게 파고들던
그 설움 위장까지 찌릿찌릿 흘러내려
혹한 속 그리움 뚫고
매생이가 몰려온다

― 『화살나무』, 고요아침, 2021.

< 직접 써 보세요 >

*아래 제시 단어를 바탕으로 상상력이 들어간 바다 소재 시조를 한 편 쓰시오. 반드시 시조 쓰기 3단계를 채워 넣은 다음 창작하시오.

— 제시 단어: 난파, 인양, 그물, 정박 등(예시 상상: 난파의 경우 '당신와 나의 사랑은 부서지거나 뒤집혔다. 이별이라는 세계에서 영원처럼 표류 중이다', 인양의 경우 '이별 속에서 인양한 건 애증일까? 그리움일까?', 그물의 경우 '아버지는 신이 쳐놓은 그물에 걸려든 것이다. 신은 가난한 자들을 쉽게 포획한다', 정박의 경우 '뒤틀린 사랑 속에 닻을 내린 정박이 길어졌다.')

| | 시조 쓰기 3단계 적용 |
|---|---|
| 1. 단계<br><br>스스로 점검하기<br>메시지 분명히 하기<br>+<br>내 시조만의 장점 찾기 | |
| 2. 단계<br><br>객관적 상관물(현상)을 찾기<br>+<br>관찰과 조사 정밀하게 하기 | |
| 3. 단계<br><br>확장하기<br>상상적 체험을 섬세하게<br>극적으로 하기 | |

## 40. 상상 테마38 _ 역설적 상상력으로 시조 쓰기

### @역설을 상상에 적용할 땐

잘 알려진 대로 역설이란 언술된 겉의 의미가 모순을 일으키지만, 그 속에 진실, 본질, 진리가 함축되어 있는 것을 말한다.

예를 들어 "아아, 님은 갔지마는 나는 님을 보내지 아니하얏습니다."(한용운, 「님의 침묵」)와 같은 표현이 역설이다. 사람이 떠났는데, 사람이 더 이상 보이지 않는데 가지 않았다고 말하는 것은 과학적 논리로 판단하면 모순이다. 그러나 정서적 논리로 접근하면 그 의미는 달라진다. '내 마음속엔 당신이 떠나지 않고 영원히 살고 있으니 나는 당신을 보낸 것이 아닙니다'라는 뜻이 된다. 이별 앞에서도 초연한 자의 사랑이 얼마나 깊고 넓은지 알 수 있게 하는 표현이다.

이처럼 역설은 과학적 논리와 객관성의 잣대로 보면 모순을 일으키는 것처럼 보이지만 정서적 논리로 보면 진실이나 본질, 진리에 부합하는 언술을 말한다.

역설은 표현 자체가 궁금증을 유발하고 연상 작용을 일으키는 힘을 가지고 있다. 'A는 A가 아니다' 'A 안엔 A가 없다' 'A가 갔지만(없지만) A는 있다' 등의 표현에서 A 대신 다양한 단어를 넣어보면 모순된 문장으로부터 '왜 이런 표현을 썼지?'하는 궁금증이 발생하고, 그 궁금증에 대한 해답을 찾기 위해 추리적 연상 작용이 일어나는 것을 느낄 수 있다.

예를 들어 '어머니 안엔 어머니가 없다'라고 표현하게 되면 어머니는 어머니로 가득 차 있는 존재인데 '왜 없다고 하지?' 하는 궁금증이 1차적으로 발생한다. 그 해답을 찾기 위해 독자들은 어머니와 관련된 이미지들을 취합한다. 그런 후 고생만 한 어머니에게 주체적인 어머니가 지금까지 없었다는 것을 깨닫는다. 해답을 찾으려고 발생시킨 연상 작용이 어머니의 본질적인 속성을 더욱더 분명하게 드러내고 있었던 것이다.

나만이 발견한 본질성이나 근원성을 감각적인 언술로 드러내는 것이 시조의 목적 중 하나이기에 역설법은 그 목적을 수행하는 데 있어 좋은 창작 도구가 된다. 그러니 자신만이 발견한 본질성과 근원성을 드러내고 싶을 땐 역설적인 사유를 자주 펼치고, 역설적인 문장을 바탕으로 개별화된 연상 작용이나 상상이 동원되도록 해야 한다.

&lt;추천예문&gt;

상처가 향기롭다

염창권

자두 씨를 뱉으려다
속살까지 뱉어낸다
자궁에서 내밀하게 길러낸 꽃씨 아닌가
상처가 화사하게 덧나며
살점들이 향기롭다

턱 안에서 과육이 소리치며 부서질 때
상처가 피어나면서 널 향기롭게 했으리라
하지만 씨앗은 살아 있다
시간의 잇몸 같은

살점 붙은 상처를 벌겋게 드러낸 채로
땅바닥을 뒹굴다가 흙더미에 이를 박는다
절명의 진저리치는 땅
만개하리라
저, 상처!

―『숨』, 동학사, 2015.

## 압화

이송희

장미꽃이 피어 있었어
가장자리가 환했었지

웃음을 나눴던 우린
여전히 초록이었어

시간은 멈춰 있었어
흔적으로 눌린 기억

나란히 손잡은 채
반듯하게 누워서

겹겹이 소원을 빌며
글자를 새겼어

우리는 입을 다문 채
아름답게 짓눌렸어

―『수많은 당신들 앞에 또 다른 당신이 되어』, 시인동네, 2020.

## 역설(逆說)
— 빙수

변현상

다짜고짜
불 확 붙은
눈이 먼 사랑이라

식혀서
다 태우고
싸늘한 재 된다 해도

오롯이
갈아드리리
그릇에 담아드리리

―《좋은시조》, 2018년 겨울호.

## 아름다운 역설

한희정

엄동을 지나고도 그 무슨 위법으로

당연히 결백하대도 속수무책 묻히던

겨울 무, 꽃대 올리는 안간힘을 보아라

―《오늘의시조》, 2020년 제14호.

< 직접 써 보세요 >

*여기서 제시하는 단어를 바탕으로 시조 쓰기 3단계를 채워 넣은 다음 시조를 한 편 창작하시오.

— 제시 단어: 'A는 A가 아니다' 'A 안엔 A가 없다' 'A가 갔지만(없지만) A는 있다'라고 했을 때 'A' 자리에 상상이 가미된 다양한 단어를 넣어보고 시조를 쓰세요.(이 밖에 나만의 시적 메시지를 담을 수 있는 것이면 역설과 관련된 다른 방법을 바탕으로 써도 된다. 꼭 이 구조의 문장을 제목으로 하지 않아도 된다. 모티브 속에 주로 활용되는 사물이나 현상을 가지고 창작을 하면 된다.)

| | 시조 쓰기 3단계 적용 |
|---|---|
| 1. 단계<br><br>스스로 점검하기<br>메시지 분명히 하기<br>+<br>내 시조만의 장점 찾기 | |
| 2. 단계<br><br>객관적 상관물(현상)을 찾기<br>+<br>관찰과 조사 정밀하게 하기 | |
| 3. 단계<br><br>확장하기<br>상상적 체험을 섬세하게<br>극적으로 하기 | |

## 41. 상상 테마39 _ 'A 안에 살던 C가 빠져나갔다' 문장 구조로 상상하며 시조 쓰기

@ 'A 안에 살던 C가 빠져나갔다' 문장으로 상상을 적용할 때

'A 안에 B가 살고 있다'라는 문장으로 앞쪽에서 이미 상상을 적용해 시조를 쓴 적 있다. 이번엔 추가로 'A 안에 살던 C가 빠져나갔다'라는 문장으로 상상을 펼칠 것이다. A 안에 거주하던 C가 빠져나가면 C는 A의 속성과 자신의 속성을 동시에 갖게 된다. 그 C가 이번엔 D와 만나게 되면(살게 되면, 결합하게 되면, 융합하게 되면) A, C, D의 속성 전부를 품게 된다. 그럴 때 A, C, D를 잘만 배치해도 나만의 상상이 적용된 시조를 또 한 편 쓸 수 있다.

상상을 적용할 때엔 A와 C가 최대한 이질적인 존재가 되면 좋다. 예를 들어 짐승 속에 야성이(울음이, 발톱이, 야만이, 상처가) 살다가 빠져나가는 상상은 너무 뻔하니까, 짐승 속에 악천후가(구름이, 고독이, 진보가, 바닥이, 십자가가, 웅덩이가) 살다가 빠져나가는 상상을 적용해야 한다. 그렇다고 지나치게 비약적인 것은 좋지 않다. 예를 들어, 짐승 속에 자전거가(의자가, 드릴이) 살다가 빠져나갔다고 하는 상상은 작위적인 느낌을 줘서 거부반응을 일으킨다. 그러니 이질적인 것을 선택할 때에도 자연스럽게 연상 작용이 일어나는 단어를 선택해야 한다.

거기에 한발 더 나아가 빠져나간 후에 만나게 될 존재 D까지 상상을 통해 적용하면 더욱더 매력적인 자신만의 시조를 창작할 수 있게 된다. 예를 들어 "악천후는 배고픈 짐승 속에 오랫동안 살았다/ 짐승이 뒷골목 쓰레기통까지 뒤지자/ 더 이상 참지 못하고 우쭐우쭐 빠져 나왔다 // 험악한 성질 탓에 갈 곳이 없었다/ 어느 날 먹구름이 기척을 보내왔다/ 내 안에 들어와 살지 않을래? 망설일 필요 없었다"와 같은 구절이 들어간 시조를 쓸 수 있다.

<추천 예문>

## 꿈을 꾼다

김태경

헌 옷 같은 표정을 벗어 세탁기에 담는다
팽창했던 그의 얼굴 거품처럼 가라앉고
덜 덜 덜 흔들렸던 하루도
빈방 구석에 눕는다

오늘과 내일과 오늘이 된 내일이 엉켜
한 덩이 불안이던 바깥이 빨아지면
쉼 없이 부품 만지는
녹슨 손도 표백될까

허브향 유연제를 쌓인 빚에 풀어 넣고
너덜대는 미래에 정전기를 없애고 싶다
털어서 좍 펴진 밤을
방 곳곳에 널어둔다

― 권성훈 외,『목소리들 -16인 시인들이 함께하는 앤솔로지』, 청색종이, 2020.

## 두통약을 먹으며

류미야

우리 엄마 가시고 유품 정리하는데요,
다 낡은 손지갑서 알이 쏟아졌어요
분홍빛 눈물 모양의
지끈거리는 알들

다른 것 다 보내도 그 알들 못 버렸어요
먼 데 날아가 버린 어린 날개를 그리며
끓이고 품은 그 가슴 지울 수 없었어요

불 꺼진
지갑에서
재봉틀 소리
들려요

생의 바퀴를 굴려
밥내 잣던 어머니,

아직도 저린 이마에
걱정 맺으시나 봐요

—『아름다운 것들은 왜 늦게 도착하는지』, 서울셀렉션, 2021.

## 타인을 벗다

오서윤

쇼윈도에 비친 나를 마네킹이 입고 있어요
내가 빠져나가면 제 몸 가릴 수 없어
화장기 짙은 얼굴을
오늘은 못 벗어요

빗밑*이 잰걸음으로 계절을 고르는데
서랍장 맨 아래
구겨진 내가 있어요
구름 낀 날들을 모아 새 옷을 사러 가요

태그를 떼지 못한 일기예보가 따라오자
주름 없는 그림자가 나를 갈아입어요
흥정을 마친 오후엔
들뜬 외출 벗어요

*빗밑: 오던 비가 그쳐서 날이 개는 속도

―《다층》, 2020년 봄호.

< 직접 써 보세요 >

*이번 장에서는 'A 안에 살던 C가 빠져나갔다'라는 문장 구조를 바탕으로 상상을 펼쳤다. 여러분도 이 기본 문장을 바탕으로 시조 쓰기 3단계를 채워 넣은 다음 시조를 한 편 창작하세요. 상상을 적용할 때엔 A 자리와 C 자리에 최대한 이질적인 단어를 넣어 상상을 하고 체험도 하세요.

| | 시조 쓰기 3단계 적용 |
|---|---|
| 1. 단계<br><br>스스로 점검하기<br>메시지 분명히 하기<br>+<br>내 시조만의 장점 찾기 | |
| 2. 단계<br><br>객관적 상관물(현상)을 찾기<br>+<br>관찰과 조사 정밀하게 하기 | |
| 3. 단계<br><br>확장하기<br>상상적 체험을 섬세하게<br>극적으로 하기 | |

## 42. 상상 테마40 _ 생체성(몸성)을 바탕으로 상상하며 시조 쓰기

### @ 생체성을 상상에 적용할 때

   필자는 『시클』에서 시에서의 경직성을 탈피하려면 생체성을 적극적으로 활용하라고 제안한 적 있다.

   시는 그 자체로 생명성을 가지고 존재하는 형사의 실체다. 시가 생명성을 가지고 존재하려면 읽었을 때 정서의 파장이나 생각할 거리, 이미지의 움직임 등이 생동감 있게 감지되어야 한다. 잘 쓴 시임에도 불구하고 자연스럽게 독자의 감수성을 깨우지 못하는 시들이 있다. 이지적인 시와 주지적인 시들이 주로 거기에 해당한다. 그런 경향의 시들은 시인의 깨어있는 의식이 강렬하게 다가오게 하고, 현대적인 감각이 시원시원하게 펼쳐지게 하는 장점은 있지만 경직성 때문에 건조하고 딱딱한 느낌을 주는 단점도 있다. 그렇게 건조하고 딱딱한 인상을 주는 시에서 탈피하는 방법은 시에 생체성을 적극적으로 집어넣는 것이다. 생체성은 모든 사물을 생체성이 있는 몸으로 인식하는 것을 말한다. 단적으로 말해 시는 머리로 하는 사유가 아니라 몸으로 하는 사유다.

   무관심한 독자의 감각을 깨우려면 우리가 직접 관계 맺고 있는 모든 사물을 몸성으로 인식해서 실감(實感)을 던져줘야 한다. 몸성은 만국 공통 언어이기 때문에 공감 지대가 넓고 직접적이다. 시인에게 근원적인 자극이 되는 세계와 대상은 이미 우리 몸과 관계하면서 이미지를 획득하고 있다. 몸과 근원적으로 분리될 수 없는 상태에서 대상과 대상이 만날 수밖에 없는 것이 시 속의 감각화 된 '나'와 시적 대상들인 것이다. 몸과 세계는 이미 서로 관계를 맺고서 떼려야 뗄 수 없는 일종의 뫼비우스 띠를 형성하고 있다. 그런데도 자꾸 몸성을 버리고 이성을 끌어당기려고 한다면 시 쓰기의 실패를 가져올 수밖에 없다.

생체성의 중요성을 강조한 글이다. 시조를 생동감 있게 하고 감각화시키는 방법은 바로 열린 몸성을 가지고 대상과 상관물을 만나는 것이다. 만나서 대상과 상관물의 몸성을 서로 읽어내고 교류까지 할 수만 있다면 몸성을 바탕으로 한 시조를 쓸 수 있다. 몸성의 중요성을 인식했다면 이제 생체성을 활용해서 상상을 적용할 때이다.

으깨다, 물렁뼈, 잎맥, 즙, 흑점, 수혈, 밀어, 치통, 아사자, 골절, 숨, 통, 힘줄, 비듬, 종양, 지문, 손금, 검버섯, 인중, 정강이, 여드름, 눈물주머니, 주름살, 재채기, 장딴지, 속눈썹, 무좀, 뒤꿈치, 배꼽, 판막, 가르마, 각질, 횡격막, 갈비뼈, 뒤태, 비장, 젖꼭지, 콧수염, 맥박, 열꽃, 체온, 혈압, 황달, 제왕절개, 낙태, 생리혈, 면역, 홀몸, 백혈구, 신진대사, 협심증, 골다공증, 저혈압, 콜레스테롤, 제비추리, 수치, 호흡곤란, 심근경색, 달팽이관, 요추, 색맹, 인대, 아킬레스건, 마비, 실핏줄, 디스크, 동맥, 정맥, 발목, 혀, 백태, 백내장, 산통, 녹내장, 자궁, 진통, 동공, 정수리, 편두통, 대상포진, 홍역, 전염, 항문, 독감, 바이러스, 백신, 항체, 풍토병, 항원, 늑골, 다크서클, 급소, 어깨, 견갑골, 명치, 단전, 뇌경색, 암, 구토, 복통, 소화, 울렁증, 엔도르핀, 고지혈증, 하지정맥, 성병, 평발, 기형, 가슴앓이, 결핵, 충치, 복통, 치통, 기생충, 틀니, 심장, 귀머거리, 치매, 쓸개, 변비, 옴, 위하수, 갈증, 화상, 파상풍, 몽유병, 발작, 각혈, 경련, 경기, 화장, 코골이, 마취, 수술 자국, 아토피, 외눈박이, 잠꼬대, 주정, 사랑니, 의식불명, 무의식, 혼수상태, 골절, 이명, 백치, 비문증, 편도선, 땀샘, 다한증, 액취, 헐떡이다, 비틀거리다, 뒤척이다, 허둥대다, 아른거리다, 치근대다, 응얼대다, 칭얼대다, 화끈거리다, 답답하다, 울먹이다, 지루하다, 노곤하다, 상쾌하다, 개운하다, 울적하다, 비웃다, 눈물 난다, 절뚝거리다, 목이 탄다, 피눈물, 손사래 치다, 안절부절못하다, 어리둥절, 체념, 눈물샘, 목울음, 연골, 소름, 쉰내, 천식, 생인손, 훌쩍거리다, 침침하다, 환청, 환각, 앉은뱅이, 겨드랑이, 실핏줄, 속살, 식욕, 혈액, 떨림, 울음

위와 같이 우선 몸성과 관련된 단어를 생각나는 대로 다 적어보자. 그런 후 이질적인 것과 섞어보는 상상을 하면 된다. "구름의 눈물주머니" "노래의 혈 자리" "시간의 검버섯" "봄의 환청" "슬픔은 면역력이 왜 약할까" "콘크리트의 맥박" "고독의 주름살" "그리움은 왜 번식력이 강할까" "안개의 심장을 만난 적이 있다" "우울의 급소를 찾을 수 없다" 등처럼 생체성을 활용한 상상적 구절이나 문장을 우선 만든 다음, 간절한 개별자의 상황과 결합시켜 시조를 전개해 나가면 된다.

<추천 예문>

## 살아男子
— 사마귀

박성민

나와 교미한 당신은
내 머리를 먹는다

내 몸을 여는 건 늘 당신의 입술이니 한 시절 외로웠던 거푸집은 벗고 간다 흔들리는 풀을 씹고 길마저 삼키는 당신 내 뼈를 똑 똑 잘라 고드름처럼 베어 먹으면, 울음을 받아먹고 자란 풀들이 시퍼렇다 사랑한다 사랑한다 목소리도 잦아들고, 당신이 베고 눕던 내 두 팔이 저려올 때 그믐달 남은 부위를 잘게 씹어 먹는 당신

몸 없이 우는 법을 배운
밤바람이 흩날린다

*사마귀는 짝짓기한 후 암컷이 수컷을 잡아먹는다.

—『어쩌자고 그대는 먼 곳에 떠 있는가』, 시인동네, 2020.

## 숲이라고 불렀다

김계정

숲은 제 이력을 머리끝에 기록한다
정수리마다 내려앉은 하늘 닮은 바람이
선명한 지문의 굴곡 틈을 찾아 스며들면

현명하게 다문 입과 친절했던 두 귀가
얇아진 가슴을 풀어 깊은숨 쏟아내면
앙상한 빛의 물살에 설명은 필요 없다고

숲이 사랑한 봄과 숲을 사랑한 가을이
범람하는 바람 앞에 두 눈마저 꼭 감고
햇살만 부풀어 올라 제 몸집을 키웠다

―『사막을 건너온 달처럼』, 고요아침, 2021.

# 등

조성국

사마귀 현관에서 발톱을 갈고 있다

그늘을 본 오후가 어깨를 움츠렸다

산책을 나가던 개가
기척을 감지했다

죽음도 저 모르는 죽음이 흔해졌다

송곳 같은 앞발을 높이 쳐든 11월이

그 하얀 낮달의 목덜미를
겨냥하고 있었다

―『적절한 웃음이 떠오르지 않았다』, 시인동네, 2021.

< 직접 써 보세요 >

*아래의 예시 구절이나 문장처럼 이질적인 것이 결합된 구절이나 문장을 우선 창작하시오. 그런 다음 생체성과 상상력이 가미된 시조를 한 편 창작하시오. 반드시 시조 쓰기 3단계를 채워 넣은 후 쓰시오.

― 예시 구절과 문장: '구름의 눈물주머니' '노래의 혈 자리' '시간의 검버섯' '봄의 환청' '슬픔은 면역력이 왜 약할까' '콘크리트의 맥박' '고독의 주름살' '그리움은 왜 번식력이 강할까' '안개의 심장을 만난 적이 있다' '우울의 급소를 찾을 수 없다' 등

|  | 시조 쓰기 3단계 적용 |
|---|---|
| 1. 단계<br><br>스스로 점검하기<br>메시지 분명히 하기<br>+<br>내 시조만의 장점 찾기 |  |
| 2. 단계<br><br>객관적 상관물(현상)을 찾기<br>+<br>관찰과 조사 정밀하게 하기 |  |
| 3. 단계<br><br>확장하기<br>상상적 체험을 섬세하게<br>극적으로 하기 |  |

## 43. 상상 테마41 _ 새 이미지를 바탕으로 상상하며 시조 쓰기

### @새 이미지를 상상에 적용할 때

사람에게 친숙한 동물 중 하나가 새다. 새가 사람 곁에 가까이 날아온 날엔 상징을 알처럼 품는 '관계성'이나 '암시성'이 탄생한다. 까치가 그저 아침에 울었을 뿐인데 기분이 좋고, 까마귀가 저녁에 울었을 뿐인데 마음이 불편하다. 도시 가까운 곳에서 소쩍새가 울면 향수에 젖고, 서로 부딪치지도 않고 군무를 추는 새 떼들을 만나면 삶의 '질서'에 대해 생각한다.

가장 많이 인식되는 새의 상징은 자유다. 시한부 인생을 살고 있는 사람이나 장애를 안고 있는 사람은 죽어서 새가 되고 싶어 한다. 이렇게 새들은 사람들에 의해 의미 지어지고 상황에 따라 재탄생한다.

그런 상징이나 의미는 익숙한 느낌을 주는 일반적인 것들이다. 이제 개별자적인 시선으로 상상을 펼쳐보자. 닭과 오리를 보면서 뱃속에 새의 계절이 쌓인다고 느끼고, 솟대를 보면서 새가 밤만 되면 살아서 어디론가 갔다가 아침이 되면 다시 제자리로 돌아와 잠을 잔다고 여기자.

새라는 대상 속에서 예기치 못한 존재를 꺼내거나 번식시키는 상상도 추가하자. 이 세상에 '나'만 아는 새나 '나'만 모르는 새가 밤마다 '나'를 찾아와 말을 건다고 상상해 보자.

"A에겐 날개가 있지만 B에겐 날개가 없다"란 문장 형태로도 다양한 상상을 펼칠 수 있다. A 자리와 B 자리에 다양한 대상을 넣어보자. 아버지, 어머니, 형, 나, 언니, 누나, 당신, 섬, 육지, 접속사 등을 넣어보면 재미있는 형태가 만들어진다. 예를 들어 "그러나에겐 있지만 그리고에겐 없었다"와 같은 문장을 형성할 수 있다.

날 수 없는 곳에서 나는 새를 상상해 보는 것도 좋다. '책 속을 나는 새' '시간을 나는 새' '고독을 나는 새' '불 속을 나는 새' '잠 속을 나는 새' 등과 같이 상상을 펼쳐도 재미있다.

<추천예문>

천수만 청둥오리

김윤

지축을 뒤흔드는 수만 개 북 두드린다
오색 깃발 나부끼는 천수만 대형 스크린
지고 온 바이칼호의 눈발 털어놓는 오리 떼

아무르강 창공 넘어 돌아온 지친 목청
오랜 허기 채워 줄 볍씨 한 톨 아쉬운데
해 짧아 어두운 지구 먼 별빛만 성글어

민들레 솜털 가슴 그래도 활짝 열고
야윈 목 길게 뽑아 힘겹게 활개 치며
살얼음 찰랑 가르고 화살처럼 날아든다

— 2013년 경상일보 신춘문예 당선작

# 새, 혹은 목련

박해성

앙가슴 하얀 새가 허공 한 끝 끌고 가다
문득 멈춘 자리
매듭 스릇 풀린 고요
콕 콕 콕
잔가지마다 제 입김 불어넣는

그 눈빛 낯이 익어 한참 바라봤지만
난시가 깊어졌나,
이름도 잘 모르겠다
시간의
녹슨 파편이 낮달로 걸린 오후

은밀하게 징거맸던 앞섶 이냥 풀어놓고
곱하고 나누다가
소수점만 남은 봄날
화르르!
깃 터는 목련, 빈손이 사뿐하다

— 2010년 동아일보 신춘문예 당선작

## 서울 황조롱이

김춘기

1.
비정규직 가슴 속에 안개비가 내리는 밤
여의도길 전주 한켠 둥지 튼 황조롱이
옥탑방 살림살이가 긴병처럼 힘에 겹다

2.
산 능선 너럭바위에 건들바람 불러 모아
풋풋한 날개 저어 억새 탈춤에 신명나면
제일 큰 나무에 올라 흐벅진 몸 곧추세우던 너

3.
오늘은 밤섬에서 찢긴 비닐 비집고는
마포대교 어깨에 앉아 깃털 훌훌 털어내고
북악산 여름 숲으로 건듯 날아오르는구나

4.
순환선 철길 위를 에도는 내 발자국
휴대폰에 떠오르는 눈빛 모두 잠재우고
물소리 푸른 강가에서 시계 풀고 살고 싶다

— 2008년 국제신문 신춘문예 당선작

< 직접 써 보세요 >

*아래에서 제시하는 예시 문장이나 구절을 참고하여 날 수 없는 곳에서 날아가는(살아가는) 새를 상상을 통해 만들어 내시오. 그런 다음 시조를 한 편 창작하시오. 반드시 시조 쓰기 3단계를 채워 넣은 다음 쓰시오.

— 예시 문장이나 구절: '책 속을 나는 새' '시간을 나는 새' '고독을 나는 새' '불 속을 나는 새' '잠 속을 나는 새' '거울 속을 나는 새' 등

| | 시조 쓰기 3단계 적용 |
|---|---|
| 1. 단계<br><br>스스로 점검하기<br>메시지 분명히 하기<br>+<br>내 시조만의 장점 찾기 | |
| 2. 단계<br><br>객관적 상관물(현상)을 찾기<br>+<br>관찰과 조사 정밀하게 하기 | |
| 3. 단계<br><br>확장하기<br>상상적 체험을 섬세하게<br>극적으로 하기 | |

## 44. 상상 테마42_ 'A도 B할(될) 수 있다' 문장 구조로 상상하며 시조 쓰기

@ 'A도 B할(될) 수 있다' 문장을 상상에 적용할 때

   시조에서 역발상은 너무나 중요하다. 익숙함과 식상함에서 벗어나 독자에게 미학적 신선함을 주기 때문에 예기치 못한 발상이 시조를 주도해야 한다. 그 역발상 중에서 'A도 B할 수 있다(될 수 있다)'는 사유는 시인들이 많이 사용하는 발상 중에 하나다. 예를 들어 "눈물도 슬픔을 떠나고 싶을 때 있다" "구름도 꿈속에선 웃음이 될 수 있다" "계단도 높이가 지겨울 때가 있다" "이별도 무덤 앞에선 다정다감할 수 있다" "십자가도 고양이나 개가 될 수 있다" "월요일은 월요일을 탈출하려고 안달이다" "태양도 어둠을 노래하고 싶을 때 있다" "피뢰침에게도 고소공포증을 갖고 싶을 때 있다" "궁핍하면 감옥도 웃음이 될 수 있다" 등과 같은 역발상이 바로 그것이다.

   A와 B 자리에 최대한 이질적인 것이 들어가면 좋겠지만 결합했을 때 묘한 느낌을 주는 것이면 전부 가능하다. 예시로 몇 가지 상상을 적으면 다음과 같다. "누나도 바람이 될 수 있다" "언니도 극장이 될 수 있다" "아버지도 퍼즐이 될 수 있다" "할머니도 음악이 될 수 있다" 등등.

<추천 예문>

내 혈액형은 나비야

김덕남

은반 위 날갯짓은 암호의 메시지야

난바다 물살 헤쳐 기억 밖을 엿보다

포르릉 고요를 깔고 발끝에 힘을 주지

점프든 스핀이든 내 몸은 회오리야

대롱 끝 더듬이로 그리움에 불을 켜다

빙판에 몰아치는 해일, 그 끝에서 춤을 추지

―《정음시조》, 2021년 3호.

## 빗자루에 관한 명상

임성규

이 밤, 나는
바닥 쓰는 빗자루가 되었다

얕은 잠을 밀치고 푸른 등이 켜질 때 빳빳한 머리카락이 왼쪽으로 눕는다 마른 몸 틀어쥔 손에 땀방울이 맺힌다 바닥이 닳을 때마다 내 키도 줄어들어 병뚜껑 같은 슬픔이 구르고 구른다 구석을 쓸다가 머리카락이 가늘어지고 물렁뼈가 닳고 닳아 손이 우는소리 소리, 구석에 처박혀 박쥐처럼 매달리자 문을 열고 당신 손이 나를 들고 흥얼거린다 흔들고 털 때마다 떨어지는 소리 소리, 단단하던 바닥이 출렁이고 술렁이고 어느 사이 나는 자꾸 짧아지고 얇아진다

빗금 친 길의 무늬가 안으로만 찍힌다.

―《시인수첩》, 2020년 겨울호.

## 디스크 탈출

김양희

난 요 며칠 동안 고장 난 오디오예요
탈출한 디스크 신경 줄 긁는 소음에
잔잔한 봄의 스프링 어슬렁거리고만 있죠

보조기억 장치요? 주기억 장치예요
불안정한 환경을 감지한 하드 디스크
정지는 생활도미노를 가차 없이 걷어찼죠

그랭이 공법으로 정밀하게 건축한
구조물 척추에 디스크가 핵이에요
여태껏 엄마 작품을 갉아 먹으며 왔네요

―《한국동서문학》, 2021년 여름호.

< 직접 써 보세요 >

*아래에서 제시하는 예시 문장이나 구절처럼 'A도 B할(될) 수 있다'라는 상상적 문장을 만든 다음 시조를 한 편 창작하시오. 반드시 시조 쓰기 3단계를 채워 넣은 다음 쓰시오.

― 예시 문장이나 구절: '눈물도 슬픔을 떠나고 싶을 때 있다' '구름도 꿈속에선 웃음이 될 수 있다' '계단도 높이가 지겨울 때가 있다' '이별도 무덤 앞에선 다정다감할 수 있다' '십자가도 고양이나 개가 될 수 있다' '월요일은 월요일을 탈출하려고 안달이다' '태양도 어둠을 노래하고 싶을 때 있다' '피뢰침에게도 고소공포증을 갖고 싶을 때 있다' '궁핍하면 감옥도 웃음이 될 수 있다' 등

|  | 시조 쓰기 3단계 적용 |
|---|---|
| 1. 단계<br><br>스스로 점검하기<br>메시지 분명히 하기<br>+<br>내 시조만의 장점 찾기 |  |
| 2. 단계<br><br>객관적 상관물(현상)을 찾기<br>+<br>관찰과 조사 정밀하게 하기 |  |
| 3. 단계<br><br>확장하기<br>상상적 체험을 섬세하게<br>극적으로 하기 |  |

## 45. 상상 테마43_ 우주적 이미지로 상상하며 시조 쓰기

### @우주적 이미지를 상상에 적용할 때

우리는 우주 속에 살고 있으면서 우주를 실감하지 못한 채 살아간다. 내가 호흡하는 공기와 하루 종일 만나는 타자들이 모두 우주라는 사실을 잊은 채 멀고 먼 우주만을 인식하려고 애쓴다.

크고 총체적인 개념에서 벗어나 나와 연결된 모든 것이 '소우주'라는 인식만 한다면 우주는 늘 가까이에 있게 된다. 새벽에 만난 이슬도 우주이고 놀라 달아나는 길고양이도 우주이고 밟을 뻔한 개미도 우주가 된다. 그런 연결 고리적 사유로 사물들과 현상을 인식하게 된다면 자신을 둘러싼 우주를 하루 종일 실감하게 되고 감각할 수 있게 된다.

우주적 상상력도 쉽게 발휘된다. 아버지와 갈등한 채 떠돌게 된다면 "나는 아버지를 벗어나고 싶은 위성이다"라는 문장이 떠오르고, 현실에 적응하지 못한 채 끊임없이 분열하는 자아를 갖게 된다면 "내 몸속엔 카오스가 형벌처럼 살고 있다"라는 문장이 떠오르게 된다. 그리고 자신에게 끊임없이 절망만을 안겨주는 신이 있다면 "신은 나에게 매번 블랙홀만 내민다"라는 문장이 태어나게 된다. 이런 방법은 우주적 이미지를 일상 속 현상에 빗대어 표현하는 비유적 상상이다. 그러니 자신이 간절하게 표현하려는 시적 정황에 어울리는 우주적 요소가 있다면 노련하게, 과감하게 요소를 끌어와 비유하는 연습을 해야 한다.(예시, "아버지는 아버지만 모르는 코스모스다", "할머니에겐 애초부터 초승만 남아 있었다", "당신의 몸속엔 빅뱅이 살고 있다", "오늘부터 나의 고독은 무중력 상태다" 등)

또 하나의 방법은 상징적 상상력으로 우주적 이미지를 활용하는 방법이다. 예를 들어 현대 도시 자본주의 사회에서 적응하지 못하는 존재를 상징화시킬 때 '외계인'이라는 요소를 활용할 수 있다. "월화수목금토일 내내 나는 이 도시에서 외계인이다."와 같은 상징적 상상을 펼칠 수 있다.

아래에서 제시한 우주 용어들을 활용해 비유적 상상이나 상징적 상상을 자주 펼쳐보자.

블랙홀, 빅뱅, 코스모스, 카오스, 개기일식, 월식, 행성, 위성, 항성, 광년, 외계인, 망원경, 우주 미아, 태양계, 은하계, 초신성, 팽창, 초끈, 상현, 하현, 삭, 초승, 만월, 성운, 혜성, 운석, 무중력, 각종 별 이름, 각종 별자리 이름, 각종 행성 이름, 색깔에 따른 별 이름(예, 푸른 별, 백색 왜성) 등.

<추천 예문>

지구별 통신 10

오종문

난 땅에 서 있는데 저 하늘에 너는 있어
날마다 보고 싶어 외롭게 쓴 권리장전
언젠가 생은 지나고 지난 생은 찬란하다

꽉 막힌 사고의 틀 해제해 줄 낡은 사랑
빛보다 더 빠르게 블랙홀에 봉인되고
자전을 역주행하는 불꽃 삶이 출렁인다

꿈의, 욕망의 잔해 패총처럼 쌓여갈까
당신 곁 갈 수 없어 오래전 닫힌 심연
한 발 더 가까워지길 바라면서 망명한다

온 곳도 가는 곳도 잘 모르는 이곳에서
'안녕' 인사를 하는 절대자의 푸른 권력
뜨겁게 산란을 하며 이야기를 기록할까

그 아래 불 지피는 내 마음의 빙상고원
'삶이 아냐' 통곡하며 풀잎의 시를 읽는
왜소한 지구별 봄이 세상 봄을 거둬갔다

─《정형시학》, 2020년 가을호.

## 달과의 대화
— 생의 족보 . 13

임채성

언제부터 거기 있었나? 사흘 굶은 낯빛으로
자유롭게 떠났으면 진득이 눌러나 살지
금세 또 가고 말 것을 무엇 하러 다시 왔나

— 아무런들 집시 삶이 나라고 좋기만 할까
— 백만 촉광 불빛들이 아우성치는 서울에서
— 내 자린 눈 씻고 봐도 애당초 없는 것을

그래도 어떻게든 발붙일 곳 찾아야지
입동 무렵 철새마냥 한데로만 떠돌다보면
뼈 시린 노숙의 밤은 어디에서 지새냐고

— 뿌리를 내리뻗어야 풀도 꽃을 피우는 법
— 단칸방도 얻지 못해 허기만 찌웠는데
— 나라고 무슨 재주로 이 역마살을 끊겠는가

—『야생의 족보』, 시인동네, 2022.

## 블루문을 읽는 밤

손예화

별자리 꽃잎 모아 폭죽 같은 설레임 안고
화성인가 목성인가 개밥바라기 읽는 밤

해넘이, 블루문 뜰 시간
꽃자리 밟고 선 듯

푸르른 여백으로 구름 한 채 분주하다
드디어 북 서울 숲 환하게 웃고 있는

솔 바늘, 홍가시잎에
매달린 은빛방울

하늘을 밟고 다닌 흰 뼈들의 두드림일까
벌거벗은 담벼락에 바람이 잦아들어

맨살에 절명시 한 줄
풀잎들 수런댄다

— 한류시조 문집, 『살아간다는 것』, 고요아침, 2021.

< 직접 써 보세요 >

*여기서 제시하는 우주 용어들을 활용하여 비유적 문장을 만든 다음 한 편의 시조를 창작하시오. 반드시 시조 쓰기 3단계를 채워 넣은 다음 쓰시오.(비유적 문장 예시, "아버지는 아버지만 모르는 코스모스다", "할머니에겐 애초부터 초승만 남아 있었다", "당신의 몸속엔 빅뱅이 살고 있다", "오늘부터 나의 고독은 무중력 상태다" 등)

― 제시 단어: 블랙홀, 빅뱅, 코스모스, 카오스, 개기일식, 월식, 행성, 위성, 항성, 광년, 외계인, 망원경, 우주 미아, 태양계, 은하계, 초신성, 팽창, 초끈, 상현, 하현, 삭, 초승, 만월, 성운, 혜성, 운석, 무중력, 각종 별 이름, 각종 별자리 이름, 각종 행성 이름, 색깔에 따른 별 이름(예, 푸른 별, 백색 왜성) 등.

|  | 시조 쓰기 3단계 적용 |
|---|---|
| 1. 단계<br><br>스스로 점검하기<br>메시지 분명히 하기<br>+<br>내 시조만의 장점 찾기 |  |
| 2. 단계<br><br>객관적 상관물(현상)을 찾기<br>+<br>관찰과 조사 정밀하게 하기 |  |
| 3. 단계<br><br>확장하기<br>상상적 체험을 섬세하게<br>극적으로 하기 |  |

## 46. 상상 테마44 _ 미완성 상태의 것들을 바탕으로 상상하며 시조 쓰기

### @ 미완성 상태의 것들을 상상에 적용할 때

미완성인 것들은 긍정적인 의미와 부정적인 의미를 동시에 품고 있다. 성공이나 완성이 될 가능성이 풍부하기에 긍정적인 요소가 있는 반면, 중도 포기나 중도 탈락을 할 수 있기에 부정적 요소도 갖는다. 그런 과도기적 상태에 놓여있는 것들 대부분은 간절하다. 간절함을 무조건 품을 수밖에 없는 처지이기에 진정성이 너무나 쉽게 확보된다. 문제는 진정성이 아니라 신선함이다. 신선함을 위해 상상을 적용해보자.

먼저 과도기적인 상태에 놓인 사람과 관련된 단어나 구절을 나열해 보자. 연습생, 2군, 3군, 예비, 후보, 인턴(수습사원), 과도기, B급, 보조, 배경, 탈락, 도전, 패배, 실패, 계약직, 비정규직, 숨이 차다, 무관심, 고독, 긴장, 무너진다, 밀린다, 아무도 알아주지 않는다, 땀만이 나를 증명한다 등을 적었다면 이제 '낯설게 하기'를 적용해야 한다. 주체와 직접적으로 관련된 단어를 주체에게 적용하지 말고 낯선 상상을 동원해야 한다. 예를 들어 사람이 사랑에 실패하는 것은 당연하다. 그러니 '오늘 난 새를 실패했다'나 '나는 오늘 식물성을 실패했다'와 같은 낯선 상상을 펼쳐야 한다.

조금 더 구체적으로 살펴보자. '연습생'에 대한 시조를 쓴다고 했을 때 연습생의 상태를 있는 그대로 진지하게만 쓰지 말고, 상징이나 객관적 상관물을 활용해서 처지를 낯설게 대변하는 시조를 써야 한다. 아래와 같은 상상적 문장을 먼저 떠올려야 한다. "10년 동안 나의 심장을 증명하는 나의 높이" "몸속엔 내리막을 위한 미끄럼틀만 있다." "자꾸 오르려고 하면 경사가 높아진다.'" "아래에선 당신이 나를 보고 비웃는다." "위에선 또 다른 당신이 엉덩이를 내민다." "손을 그만 놓아야 할까 꼭 붙잡아야 할까." "나는 나를 견디기 힘들어 내려놓는다" 등.

그런 다음 조금 더 개별적으로 '연습생'을 설정해야 한다. 어떤 상태에서 연습생이 된 건지, 왜 연습생을 그만두지 않는지, 연습생을 하면서 자존감을 잃을 때는 언제인지, 자존심이 상할 때와 비참할 때는 언제인지, 가난한 상태인지, 부모가 이혼한 상태인지, 장애가 있는 상태인지 등을 설정해야 구체적인 정황 속에서 시조가 펼쳐지게 된다.

이질적인 것을 섞으면 다음과 같은 상상도 가능하다. "지금 내 앞에 버려진 새는 연습생이다" "마침내 어른이 되지 않기 위한 연습생" "당신이 누운 숲엔 비정규직이 하나도 없다" "나무와 꽃과 곤충과 벌레가 전부 본업이다"

그러니 '낯설게 하기'에 기반을 둔 낯선 상상을 기필코 실천해야 한다.

<추천예문>

## 버려진 소년

김상규

은사시에 매달린 가오리연을 줍고
날 닮은 아들을 배고 말았지 뭐예요
잘 봐요, 미완의 씨앗만 주렁주렁 박혔지요?

나야말로 홀로 크는 위대한 사내 아이
비웃음과 손가락질은 두렵지 않은 걸요
열병은 한번만으로 족하니까 말이죠
다섯 팔을 휘두르고 아홉 눈을 부라려도
이제 난 바지폭 넓은 훌륭한 파수꾼
반쪽의 심장이지만 도망치지 않아요

끊어진 연줄을 감고 주인이 찾아온대도
질끈 감고 무시하는 건 새로 생긴 특기랄까요
세상의 모든 미아가 울다지쳐 잠들었듯이

―《열린시학》, 2020년 여름호.

## 크레이프 군상(群像)

이소영

불혹에도 유혹은 늘 주변을 맴돌고
가장이란 자리는 언제나 가장자리
로또로 위안을 삼는 미스터 김 크레이프

싱글이 모인다고 더블 되는 건 아니지만
더블에서 하나 빠지면 그 순간 싱글된다
대디는 없어도 괜찮아 싱글싱글 크레이프

면접 보러 가는 길에 눈에 띄는 간판들
와플대학 족발대학 너희마저 대졸이네
기분이 꿀꿀할 때마다 찾는 꿀팁 크레이프

짭조름한 눈물도 달짝지근한 키스도
얇은 하루에 돌돌 말아 한 입 베어 물면
인생 맛 거기서 거긴 데 뭐하려고 발버둥?

─《시조미학》, 2021년 가을호.

< 직접 써 보세요 >

 *아래에서 제시하는 단어를 바탕으로 미완성 상태에 놓인 화자를 설정한 후 한 편의 시조를 창작하시오. 반드시 시조 쓰기 3단계를 채워 넣은 다음 쓰시오.

— 제시 단어: 연습생, 2군, 3군, 예비, 후보, 인턴(수습사원), 과도기, B급, 보조, 배경, 탈락, 도전, 패배, 실패, 계약직, 비정규직, 숨이 차다, 무관심, 고독, 긴장, 무너진다, 밀린다, 아무도 알아주지 않는다, 땀만이 나를 증명한다 등(이 단어나 구절 외에 본인이 찾은 단어나 구절이 있으면 그 단어를 바탕으로 써도 된다.)

|  | 시조 쓰기 3단계 적용 |
|---|---|
| 1. 단계<br><br>스스로 점검하기<br>메시지 분명히 하기<br>+<br>내 시조만의 장점 찾기 |  |
| 2. 단계<br><br>객관적 상관물(현상)을 찾기<br>+<br>관찰과 조사 정밀하게 하기 |  |
| 3. 단계<br><br>확장하기<br>상상적 체험을 섬세하게<br>극적으로 하기 |  |

## 47. 상상 테마45 _ 물 이미지로 상상하며 시조 쓰기

### @물 이미지를 상상에 적용할 때

인간은 사랑 없인 살 수 있어도 물 없이는 살 수 없다. 그만큼 우리에게 물은 생명 연장의 필수조건이다. 잘 알다시피 인간의 몸은 70%가 물로 채워져 있다. 그래서 우리는 태어나서 죽을 때까지 물과 함께 동고동락을 하다 죽는다.

이번 장에서는 이토록 친숙한 물 이미지를 바탕으로 상상을 적용한 후 시조를 쓰는 연습을 해보자. 먼저 물과 관련된 단어들을 나열하자.

스미다, 휘발되다, 끓어오르다, 젖는다, 웅덩이, 저수지, 호수, 민물, 짠물, 맺히다, 눅눅하다, 넘치다, 고이다, 침몰하다, 꺼내다, 잠기다, 질식, 흐르다, 휘돌아가다, 가라앉다, 물때, 단물, 수온, 얕다, 깊다, 섞다, 식다, 졸아들다, 가습기, 제습기, 수면, 탁하다, 맑다, 우리다, 씻다, 거품, 각종 비의 종류, 얼다, 녹이다, 삼키다, 마시다, 진물, 물집, 방울방울, 졸졸, 멀겋다, 국물, 진하다, 매달려 있다, 흔들리다, 거칠다, 물뱀, 수족관, 욕조, 물사마귀, 양수, 물혹, 번지다, 수위, 육수 등.

이 단어들은 너무나 익숙하다. 상상이 가미된 발상을 통해 최대한 낯설게 만들어야 한다. "저수지엔 목소리가 산다 죽은 자의 목소리가 아니라 산 자의 목소리다. 매일 싱싱한 그리움을 당신이 빠뜨렸기 때문이다." "눈물은 당신을 떠나고 싶다. 투명한 감정만을 원하는데 심장 속엔 곪아 터진 슬픔만 있다." "고독은 쉽게 나를 포기하지 않는다. 침몰하는 날보다 부유하는 날들이 더 많아 당신이 떠나면서 남겨준 고독 속을 내내 표류한다." "수몰지구에 처음으로 물이 들어온다. 나무를 떠난 새에게서 신음소리가 들린다." "슬픔은 농도가 짙은 게 아니라 수위가 높은 거다." "밤이 되면 트라우마 속에서 물뱀들이 빠져나왔다." "당신 기억 속엔 눈물이 너무 많으니 당신을 위한 제습기가 필요하다." 등의 구절들처럼 물이미지를 적절하게 활용해서 대상의 상태를 신선하게 만들어야 한다.

그런 다음 개별 화자의 구체적인 상황을 바탕으로 상상적 체험을 극적으로 펼쳐야 한다. 마지막으로 나만이 발견한 하나의 시적 메시지를 정한 후 밀도 있게 형상화를 진행하면 된다.

&lt;추천 예문&gt;

## 빈 배
— 박권숙 시인 생각

박기섭

경상도 산 곳곳에
물은 솟아 지천인데
정작 그 물을 모아 흐르는 건 낙동강뿐

칠백 리 강물만 같아라
쉰아홉의 한뉘여

시조 3장 가얏고에 목숨 줄을 걸어놓고
거두어 피멍인가
터뜨려 울음인가

이 저승 오가는 나루터
빈 배 두고 간 이여

— 《시조시학》, 2021년 가을호.

### 비대면 물소리

박연옥

산비탈

볕살들이

도란대는

다락 논

매미꽃

노랗게 핀

자작나무 아래로

산골 물

풀리는 소리

비대면으로

흘러가네

─《서정과현실》, 2021년 하반기호.

< 직접 써 보세요 >

*여기서 제시하는 단어를 바탕으로 시조 쓰기 3단계를 채워 넣은 다음 시조를 한 편 창작하시오. 낯선 느낌이 충분히 들 수 있도록 창작 전에 이질적인 것들과 물의 이미지를 섞어본 다음 쓰시오.

— 제시 단어: 스미다, 휘발되다, 끓어오르다, 젖는다, 웅덩이, 저수지, 호수, 민물, 짠물, 맺히다, 눅눅하다, 넘치다, 고이다, 침몰하다, 꺼내다, 잠기다, 질식, 흐르다, 휘돌아가다, 가라앉다, 물때, 단물, 수온, 얕다, 깊다, 섣다, 식다, 졸아들다, 가습기, 제습기, 수면, 탁하다, 맑다, 우리다, 씻다, 거품, 각종 비의 종류, 얼다, 녹이다, 삼키다, 마시다, 진물, 물집, 방울방울, 졸졸, 멀겋다, 국물, 진하다, 매달려 있다, 흔들리다, 거칠다, 물뱀, 수족관, 욕조, 물사마귀, 양수, 물혹, 번지다, 수위, 육수 등(이 밖에 새롭게 찾아낸 물과 관련된 단어가 있다면 그 단어를 바탕으로 접근해도 된다.)

| | 시조 쓰기 3단계 적용 |
|---|---|
| 1. 단계<br><br>스스로 점검하기<br>메시지 분명히 하기<br>+<br>내 시조만의 장점 찾기 | |
| 2. 단계<br><br>객관적 상관물(현상)을 찾기<br>+<br>관찰과 조사 정밀하게 하기 | |
| 3. 단계<br><br>확장하기<br>상상적 체험을 섬세하게<br>극적으로 하기 | |

## 48. 상상 테마46 _ 인유의 방법을 활용해 상상하며 시조 쓰기

### @인유의 방법을 상상에 적용할 때

「비유적 상상력으로 시조 쓰기」의 장에서 이미 '비유를 바탕으로 한 상상력 펼치기'를 해 보았다. 그리고 수많은 장에서 비유적 상상력으로 접근한 예시를 살펴보았다. 그럼에도 이번 장에 「인유의 방법을 활용해 상상하며 시조 쓰기」 방법을 추가로 제시한 이유는 인유적 상상력을 잘 발휘하면 신선하고 매력적인 시조가 탄생하기 때문이다.

인유는 보조관념인 예시 상황을 끌어다가 원관념을 비유하는 방법이다. A상황(보조관념)이 B상황(원관념)과 유사할 때 인유적 상상력을 활용하면 좋은 시조를 쓸 수 있다. 인유를 사용할 때 주의해야 할 점은 인용한 예시가 시조에 활력을 불어넣어 주지 못하고 단순한 정보 제공으로 그쳐서는 안 된다는 점이다. 그 자체가 시조를 지배하거나 정서를 옭아매면 문제가 된다. 그러니 보조관념에 해당하는 예시 상황을 꼭 필요한 핵심 부분만 짧게 끌어와야 한다. 인유된 정보가 필요한 정보 제공을 넘어 자신의 영역을 넓힌다면 인유의 효과가 곧바로 반감되기 때문이다.

또한 단순히 비교 대상으로 인유를 활용하지 말아야 한다. 단순성에서 벗어나 인용의 상황이 화자 자신의 간절한 내면이나 속성과 맞물려 확장되게 만들어야 한다. 인용은 최소로 하고, 화자의 내적 속성이나 정서를 과감하게 시조에 접목시켜 신선한 인유를 발휘하도록 하자.

인유를 활용하려면 평소에 잘 읽고 잘 보고 잘 듣는 습관이 들어 있어야 한다. 독서를 하거나 다큐멘터리를 보거나 타인으로부터 이야기를 듣거나 할 때 인간의 본질과 근원성을 암시할 수 있는 이야기를 놓치지 않고 메모하는 습관을 길러야 한다.

그런 다음 연상 작용을 통해 비유를 펼쳐야 한다. 만약 아프리카의 어떤 부족

이야기를 다큐멘터리에서 보았다고 치자. 그 부족은 독특하게 돌 신앙을 500년 동안 가지고 있다고 치자. 그 마을에 떨어진 돌에서 최초의 조상이 태어났다고 믿는 상황이라고 치자. 돌이 갖는 의미가 나만의 시선에 의해 잡혔다면, 현실 세계에서 유사한 개별 상황을 찾아 비유해야 한다. 아프리카의 '돌 신앙' 이야기를 먼저 꺼내면서 '최초'의 의미를 강조한 후, 나의 최초를 품은 일기장과 비유하는 건 어떨까? 나에게 태어난 최초의 트라우마와 비유하는 건 어떨까? 그런 발상으로 접근한다면 인유의 방법을 활용해 상상을 펼칠 수 있다.

<추천 예문>

나비의 무게*

권영오

다 내려놓고 돌아와 누웠어도 어깨가 무겁다
악착같이 매달리는 것만이 사랑이었던,
그에게 지운 짐마저 사랑인 줄 알았으므로

한 마리 나비의 무게를 견디지 못해
마지막 무릎을 꺾었다던 사나이

여전히 그것만이 그것인 줄 아는 그것들을 위하여

* 에리 데 루카의 소설 제목.

― 이숙경·이경임·권영오, 『청라 vol.1』, 책만드는집, 2021.

## 뜬금없는 소리75

윤금초

쑥대머리 귀신형용
적막 옥방 홀로 앉아….

선학동 마을 뒷산 영락없이 스님 모습 닮고 있었다. 마을 뒤쪽 관음봉은 고깔처럼 뾰족하게 하늘로 치솟아 올라 법승法僧 머리를 방불케 하였다. 정상을 한참 내려와 좌우로 길게 펼쳐 내려간 양쪽 산줄기는 앉아 있는 한 스님 장삼 자락 형상이었다. 게다가 마을 앞 포구에 밀물이 차오르면 관음봉 쪽 어딘가에서 둥, 두둥 북을 울려대듯 신기한 지령음地靈音이 들려오곤 하였다. 솨, 솨, 솨… 솔바람 소리에 쑥대머리 한 대목이 묻어오는 듯도 하였다. 어디 그뿐인가. 포구에 물이 들면 관음봉 그림자가 영락없는 비상학飛翔鶴 형국을 지어냈다. 하늘로 치솟아 오른 고깔 모양 주봉은 마침 힘찬 비상 시작하는 학의 머리요, 길게 굽이쳐 흐르는 양쪽 산줄기는 그 날개 형상이 완연했다. 허나 관음봉은 이제 날지 못하는 한 마리 새,

선학仙鶴이 끝내 날개 접고
주저앉은 터였다.

* 이청준 소설 「선학동 나그네」 참고.

—『뜬금없는 소리』, 고요아침, 2018.

## 일 포스티노*

박성민

거품 문 메타포는 종일 앓는 소리 내다
방파제를 넘어오며 흩어진 눈물 가닥
네루다, 당신과 듣는 파도의 거친 음보

한량처럼 빈 주머니 더듬는 모래사장
잉크보다 피에 가까운 달이 뜬다, 시퍼렇게
날마다 꽃잎을 뜯어 향기 벗는 해당화

* 시인 네루다와 집배원 마리오의 우정을 다룬 영화

— 《시조21》, 2021년 봄호.

< 직접 써 보세요 >

*상징성이 강한 소설, 영화, 미술(회화, 조각 등) 등의 제목을 인용한 다음 개별 화자의 상황이나 처지를 비유적으로 나타내는 시조를 한 편 창작하시오. 반드시 시조 쓰기 3단계를 채워 넣은 다음 쓰시오.

|  | 시조 쓰기 3단계 적용 |
| --- | --- |
| 1. 단계<br><br>스스로 점검하기<br>메시지 분명히 하기<br>+<br>내 시조만의 장점 찾기 |  |
| 2. 단계<br><br>객관적 상관물(현상)을 찾기<br>+<br>관찰과 조사 정밀하게 하기 |  |
| 3. 단계<br><br>확장하기<br>상상적 체험을 섬세하게<br>극적으로 하기 |  |

## 49. 상상 테마47 _ 종교적 요소를 활용해 상상하며 시조 쓰기

### @종교적 요소를 상상에 적용할 때

종교적 요소를 활용해 상상하며 시조를 쓸 땐 종교 자체를 말할 필요가 없다. 이미 많은 분들이 종교적 깨달음을 얻었고 그것을 글로 또는 시나 시조로 잘 썼기 때문이다.(종교에 대한 비판도 마찬가지다) 새로운 것이 써질 확률이 거의 없는 종교적 사유는 독자들에게 신선한 느낌을 줄 수 없다.

그러니 활용 차원에서 종교적 요소나 단어를 바라봐야 한다. 먼저 종교와 관련된 단어를 나열해보자. 이단, 포교, 신생. 사탄, 악마, 천사, 성자, 성인, 영생, 재림, 부활, 해탈, 죄의식, 회개, 은총, 은혜, 원죄, 종파, 배교, 경전, 참선, 세례, 간증, 탁발, 108배, 목탁, 게송, 각종 건물, 각종 부처와 보살, 묵주, 십자가, 죽비, 설교, 설법, 찬송가, 찬불가, 미사포, 성물, 성불 등을 적었다면 이제 그 요소들을 예기치 못한 것과 섞어보자.

"내 고독은 처음부터 끝까지 이단이다. 자꾸 기형적인 생각을 머릿속에 심어놓는다." "어둠에게 태양은 사탄일까 은총일까? 어둠이 죽고 사라진 자리에 지렁이 한 마리 메말라 있다." "숲에서조차 해탈을 만나긴 어려웠다. 매일매일 욕심 없이 자라고 피고 시든 줄 알았는데, 전부 욕망의 뿌리를 깊이 숨기고 있었다." "슬픔이 하는 간증을 화분이 듣고 있다. 그런데도 화려한 꽃을 피운다. 꽃에게 부끄러움을 매번 들킨 거다."와 같은 상상이 탄생할 것이다. 이와 같은 상상을 바탕으로 자신만이 표현하고자 하는 시적 메시지를 향해서 시조가 뻗어 나간다면 좋은 시조를 만나게 된다.

그래도 꼭 깨달음의 상황을 쓰고 싶다면 익숙한 장면이나 상황, 사물이 아닌 것에서 깨달음의 문양을 발견할 줄 알아야 한다. "콘크리트 벽 속에 부처가 산다" "피 흘리고 있는 예수가 십자가에서 내려와 자꾸 성경책을 찢는다." "어머니가 악마로 보이고 아버지가 천사로 보이기 시작했다." "사람만 빼고 전부 참선을 잘한다. 집들과 나무와 꽃들과 풀들이 하루 종일 욕심 없이 제자리를 지킨다."와 같이 깨달음의 문양을 예기치 못한 것에서 발견하게 되면 신선한 시조에 근접할 수 있다.

<추천 예문>

## 목수 요셉의 꿈

이양순

자욱한 시름으로 촛불을 켜는 저녁
결 따라 매긴 먹줄 말씀으로 되살아나
한 꺼풀 옹이 박힌 업죄를 벗겨가는 목수여

길은 어디 있는가 죄 없는 이 바라보며
성전(聖殿)의 둥근 기둥을 내리치는 손바닥엔
먼 훗날 가슴을 적실 뜨거운 피가 흐른다

톱밥 대팻밥에 묻어 있는 생명의 빛
고결한 숨소리가 당신 곁에 머물러
종소리 가득한 사랑이 온 누리에 퍼지고

품삯이야 김이 나는 식탁이면 넉넉하고
기도소리 새는 창가 성가처럼 별이 내려
거룩한 날이 열고 저무는 환한 집을 짓는다

— 2013년 국제신문 신춘문예 당선작

# 인삼반가사유상

배우식

1
까만 어둠 헤집고 올라오는 꽃대 하나,
인삼꽃 피어나는 말간 소리 들린다.
그 끝을 무심히 따라가면 투명 창이 보인다.

2
한 사내가 꽃대 하나 밀어 올려 보낸 뒤
땅속에서 환하게 반가부좌 가만 튼다.
창문 안 들여다보는 내 눈에도 삼꽃 핀다.

무아경, 흙탕물이 쏟아져도 잔잔하다.
깊고 깊은 선정삼매 고요히 빠져 있는
저 사내, 인삼반가사유상 얼굴이 환희 맑다.

3
홀연히 진박새가 날아들어 묵언 문다.
산 너머로 날아간 뒤 떠오르는 보름달
그 사내 침묵 사유 만발하여 나도 활짝, 환하다.

— 2009년 조선일보 신춘문예 당선작

## 저녁이 오는 시간 1
— 겨울 운주사

박현덕

그 오촉 전구 같은, 눈 내린다 산지 절집

대웅전 추녀의 끝 금탁도 흐물흐물

길 잃은 바람을 불러 목울대를 세운다

골짜기로 흩어진 천 개의 바람 소리

꾀죄죄한 불상들 몸뚱이 피가 돌게

적막 깬 소리 사이를 흰 새가 날고 있다

— 제5회 백수문학상 본상 수상작

## 정림사지 히키코모리

장수남

그 마을 토박이는 빈 절터 석탑이었다
전설을 앓고 있던 노인들이 다 죽어도
저 혼자 무작정 되어 기다림을 반복한다

아무도 탑의 목소리 들으려 하지 않고
첫우물 정한수에 별이 뜨는 풍경마저
이젠 다 속울음 삼킨 되새김에 불과했지만

천년 바람이 뜨문뜨문 탑돌이를 하다가고
귀신새가 먼 길 가다 슬며시 쉬었다 간다
그럴 때 깨진 기와 사이 꽃무릇 해탈이겠지

그러니 사람만이 중생이 아니고
외톨이라 부르는 건 타인들의 시선일 뿐
올곧은 자세만으로 무소유는 완성이다

*히키코모리 : 은둔형 현대인을 이르는 일본어임.

— 제20회 고산문학대상 시조부문 신인상 당선작

< 직접 써 보세요 >

*위에서 제시하는 종교와 관련된 단어를 예기치 못한 것과 섞어보자. 그렇게 되면 이런 구절이 탄생하게 된다. "내 고독은 처음부터 끝까지 이단이다. 자꾸 기형적인 생각을 머릿속에 심어놓는다.""어둠에게 태양은 사탄일까 은총일까? 어둠이 죽고 사라진 자리에 지렁이 한 마리 메말라 있다.""숲에서조차 해탈을 만나긴 어려웠다. 매일매일 욕심 없이 자라고 피고 시든 줄 알았는데, 전부 욕망의 뿌리를 깊이 숨기고 있었다.""슬픔이 하는 간증을 화분이 듣고 있다. 그런데도 화려한 꽃을 피운다. 꽃에게 부끄러움을 매번 들킨 거다." '그와 같이 종교 단어 + 이질적인 요소'를 실천하는 시조를 한 편 써 보자. 반드시 시조 쓰기 3단계를 채워 넣은 다음 쓰시오.

|  | 시조 쓰기 3단계 적용 |
|---|---|
| 1. 단계<br><br>스스로 점검하기<br>메시지 분명히 하기<br>+<br>내 시조만의 장점 찾기 |  |
| 2. 단계<br><br>객관적 상관물(현상)을 찾기<br>+<br>관찰과 조사 정밀하게 하기 |  |
| 3. 단계<br><br>확장하기<br>상상적 체험을 섬세하게<br>극적으로 하기 |  |

## 50. 상상 테마48 _ 재발견 기법으로 상상하며 시조 쓰기

### @재발견 기법이란

　재발견 기법은 필자의 저서 『시클』에서 제시한 시 쓰기 방법 중 하나다. '새로운 시'를 계속 쓸 수 있는 노하우로 제시한 방법인데, 효과가 좋아 많은 사람들이 실천하고 있다. 방법은 간단하다. 시조를 쓸 때 가제(假題, 임시로 붙여 놓은 제목)에 꼭 '재발견'이란 단어를 붙이는 것이다. 예를 들어 아버지에 대한 새로운 시조를 쓴다고 치자. 아버지는 너무나 익숙한 존재이기 때문에 새로운 시조를 쓰기 정말 어렵다. 그럴 때 '아버지의 재발견'이란 가제를 붙이고 시조를 쓰게 되면 '재발견'이란 단어 때문에 아버지의 새로운 면이나 색다른 면을 자꾸 끄집어내게 되어, 신선한 시조를 쓸 수 있는 기반이 형성된다.

　이 기법의 중요한 효과는 익숙한 것을 새롭게 인식하게 도와준다는 점이다. 여기에 상상을 가미해보자. 다양한 시적 정황(상황)에 대해 생각해 보는 것이다. 제목을 '구름의 재발견'으로 하고 시조를 쓴다고 했을 때, 어머니의 고단한 삶과 결합시켜 쓰고 싶을 때 끝없이 인내만 하고 있는 어머니의 상황을 떠올리는 것이다. 눈물조차 흘리지 않는 '건조한 삶'을 이미지화시키고 싶다면 "어머니의 머릿속엔 건조한 구름만 산다/ 치명을 부추기는 고통에 젖어있는데/ 눈물을 흘리지 않는다 들키지 않는다"라는 문장으로 시조를 시작할 수 있다. 만약 노모가 치매에 걸린 상황으로 쓴다면 "어머니의 머릿속에 지독한 먹구름/ 기억을 갉아먹고 끝없이 짙어진다"이란 문장으로 시조를 시작할 수 있다.

<추천 예문>

깡통에 관한 명상

최영효

수레가 목을 비틀며 뒤꿈치로 밟고 갔다
발길에 채였을 땐 오기가 발끈 솟아도
허리를 낮추지 않고 무릎도 꿇지 않았다
단전에 힘 모으면 뱃심도 두둑해져
이승이 낫다는 말 참 좋아 믿기로 했다
맞아도 웃을 수 있다 그런 너의 발밑이라면
내가 널 짓밟을 때 그 통증을 몰랐지만
네가 날 걷어찰 땐 난 뜨겁게 울었다
되도록 멀리 차다오 너의 그 슬픔과 함께
썩을 놈 빌어먹을 놈 마음껏 욕해다오
너 대신 비굴하게 엎드려 빌어주마
상처는 흉이 아니라 살아온 계급장이다

— 《시와표현》, 2018년 7월호.

## 사랑의 유통기한

이송희

그때였죠,
전부터 조짐이 수상했어요

심상찮은 냄새가 코끝에 감겨오면서
변색된 말의 모서리가
명치에 걸렸어요

우리는 겨울을 지나가는 중이었죠

살얼음 낀 거울에는 얼어붙은 표정들

길 위에 폭설이 내려
발이 쉽게 빠졌어요

꺾어진 골목길을 돌아 나온 버스는
자정을 지나자 자취를 감추네요

아직도 깨진 액정 속
그와 내가 웃고 있어요

―《내일을 여는 작가》, 2021년 상반기호.

< 직접 써 보세요 >

*여기서 제시하는 구절을 바탕으로 시조 쓰기 3단계를 채워 넣은 다음 시조를 한 편 창작하시오.

— 제시 단어: 어머니의 재발견, 아버지의 재발견, 언니의 재발견, 누나의 재발견, 오빠의 재발견, 동생의 재발견, 나무의 재발견, 계단의 재발견, 비상구의 재발견, 이별의 재발견, 죽음의 재발견, 절망의 재발견, 슬픔의 재발견, 창문의 재발견, 여름의 재발견 등(이 밖에 나만의 시적 메시지를 담을 수 있는 것이면 다른 '재발견'을 바탕으로 써도 된다. 시조를 다 쓴 다음 제목을 다른 것으로 바꿔도 된다.)

|  | 시조 쓰기 3단계 적용 |
|---|---|
| 1. 단계<br><br>스스로 점검하기<br>메시지 분명히 하기<br>+<br>내 시조만의 장점 찾기 |  |
| 2. 단계<br><br>객관적 상관물(현상)을 찾기<br>+<br>관찰과 조사 정밀하게 하기 |  |
| 3. 단계<br><br>확장하기<br>상상적 체험을 섬세하게<br>극적으로 하기 |  |

## 51. 상상 테마49 _ 목적이나 이유를 바탕으로 상상하며 시조 쓰기

### @목적이나 이유를 상상에 적용할 때

묘한 뉘앙스를 풍기는 목적이나 이유를 상상을 적용해 만들어보자. 빈집의 목적, 물고기의 이유, 돌의 목적, 벽의 목적, 유리의 목적, 낮의 목적, 꽃의 목적, 결말의 목적, 이름의 목적, 유령의 목적, 미라의 목적, 고독의 목적, 우울의 목적, 날씨의 목적, 토마토의 목적, 사과의 목적, 왼손의 목적, 11월의 목적, 백지의 목적, 수요일의 목적, 이별의 목적, 파산의 목적, 트라이앵글의 목적 등을 제목으로 붙이고, 나만의 시적 맥락이나 메시지를 향해서 시조를 쓴다면 독특한 시조가 탄생할 수 있다. 또한 '목적 없는 목적'과 '이유 없는 이유'가 있듯이 상상을 통해 '목적을 버린 4월' '목적을 버린 과일' '목적을 지운 노래' '목적이 없는 광장' '아버지를 빠져나간 목적' 등과 같은 재미있는 제목을 달고 시조를 써도 좋다.

<추천 예문>

## 개가 짖는 이유

박성민

사실은 개구멍을 개가 판 게 아니다

개는 또 억울하다 소문이 두려워서 방금 싼 똥도 수상해 냄새를 맡아본다 개들은 인간에게 물린 적이 아주 많다 배추밭을 뒤엎는 가을 들판 바라보며 엎어진 개밥그릇 같은 공약에 컹컹 짖는다 앞발을 모으고 두 귀를 쫑긋 세운 개들의 내부에는 울부짖음만 진화한다

축축한 개의 눈을 보라, 늘 눈곱이 끼어 있다

―『쌍봉낙타의 꿈』, 고요아침, 2011.

< 직접 써 보세요 >

*여기서 제시하는 구절을 바탕으로 시조 쓰기 3단계를 채워 넣은 다음 시조를 한 편 창작하시오.

― 제시 구절: 빈집의 목적, 물고기의 이유, 돌의 목적, 벽의 목적, 유리의 목적, 낮의 목적, 꽃의 목적, 결말의 목적, 이름의 목적, 유령의 목적, 미라의 목적, 고독의 목적, 우울의 목적, 날씨의 목적, 토마토의 목적, 사과의 목적, 왼손의 목적, 11월의 목적, 백지의 목적, 수요일의 목적, 목적을 버린 4월, 목적을 버린 과일, 목적을 지운 노래, 목적이 없는 광장 등(이 밖에 나만의 시적 메시지를 담을 수 있는 목적이나 이유가 있다면 그것을 바탕으로 써도 된다.)

| | 시조 쓰기 3단계 적용 |
|---|---|
| 1. 단계<br><br>스스로 점검하기<br>메시지 분명히 하기<br>+<br>내 시조만의 장점 찾기 | |
| 2. 단계<br><br>객관적 상관물(현상)을 찾기<br>+<br>관찰과 조사 정밀하게 하기 | |
| 3. 단계<br><br>확장하기<br>상상적 체험을 섬세하게<br>극적으로 하기 | |

## 52. 상상 테마50 _ 가정법(假定法)을 바탕으로 상상하며 시조 쓰기

### @가정법을 상상에 적용할 때

가정법은 그 자체가 상상력의 소산이다. 누구나 쉽게 상상을 전개할 수 있는 틀을 '만약'이라는 가정(假定)이 제공하기에, 한번 발동이 걸리면 추론적 상상력이 끝없이 펼쳐진다.

'만약 A가 B를 한다면' '만약 A가 B에게 C를 한다면' '만약 A가 B를 지나 D에 도달한다면' 등의 가정을 할 때 A, B, C, D의 자리에 최대한 낯선 것을 놓으면 그 가정은 그 자체로 시조의 추동력이 되어 날개를 편다. 예시 구절을 만들어 보자. "만약 노래가 자살을 한다면" "만약 먹구름이 나에게 주문을 건다면" "만약 나를 통과한 먹구름이 당신에게 도달한다면"과 같은 구절이 탄생할 수 있다.

구체적으로 더 살펴보자. "만약 책 밖으로 글자들이 걸어온다면"과 같은 구절이 떠올랐다고 치자. 그 순간 질문과 상상이 꼬리에 꼬리를 물고 펼쳐지게 된다. '만약 시집 밖으로 글자들이 걸어 나와 독백을 한다면 그 목소리는 시인의 것일까? 책의 것일까?'와 같은 궁금증이 생겨 이런 식의 발화도 할 것이다. "나는 아침부터 저녁까지 질서정연해/ 난해한 태도를 취한 적이 한 번도 없어/ 관념을 남발하는 건 언제나 책 속의 나야. // 그놈은 지나치게 꾸밈과 포즈가 많아/ 심각한 척을 하고 글자들을 괴롭혀/ 문맥이 껍데기만 잔뜩 껴입는 데도 말이야."

'만약'이라는 상상력을 펼칠 때 무조건 최대한 낯선 것이 A, B, C, D 자리에 놓이도록 하면 그 상상은 성공이다. 만약이라는 게임을 하듯 문장이나 구절을 툭툭 던지면서 메모를 꾸준히 한다면 시조를 여러 편 쓰고 싶은 마음이 저절로 생길 것이다.

"만약 어머니가 아버지가 된다면" "만약 사과나무에게서 포도가 열린다면" "만약 어머니가 어머니를 밤마다 꺼내고 있다면" "만약 사과를 전부 떨어뜨린 사과나무가 겨울 내내 굶주린 새에게 유언을 내민다면" "만약 봄이 봄을 증오한다면" "만약 4월이 4월로부터 탈출한다면" "만약 월요일에 신발들이 전부 사라진다면" "만약 하루 종일 붉은색 비가 내린다면" "만약 내가 순식간에 마네킹으로 변한다면" "만약 우리가 우리라고 말하는 순간 당신들만 넘쳐난다면"과 같은 상상을 만들 수 있는 '만약'이라는 게임을 수시로 실행해보자.

<추천 예문>

## 만약에

백윤석

만약에 내 눈물이 뾰로통한 세모라면
날카로운 예각으로 님 발치 앞 꽂겠네
그래도 가신다면야
어쩔 도리 없지만,

만약에 내 눈물이 넓적한 네모라면
가시는 길 천리 성벽 높이 높이 쌓겠네
그래도 가신다면야
굳이 잡지 않겠네

만약에 내 눈물이 세모 네모 아니어도
만산을 덮칠 만큼 허벅지게 운 연후엔
그 자리 털고 일어나
손 흔들고 말겠네

―《좋은시조》, 2021년 봄호

< 직접 써 보세요 >

*아래에서 제시한 예시 문장처럼 가정법을 활용한 낯선 문장을 창작해 낸 다음 그 낯선 문장을 바탕으로 상상을 펼치시오. 시조 쓰기 3단계를 채워 넣은 다음 한 편의 시조를 쓰시오.

— 예시 문장: '만약 어머니가 아버지가 된다면' '만약 사과나무에게서 포도가 열린다면' '만약 어머니가 어머니를 밤마다 꺼내고 있다면' '만약 사과를 전부 떨어뜨린 사과나무가 겨울 내내 굶주린 새에게 유언을 내민다면' '만약 봄이 봄을 증오한다면' '만약 4월이 4월로부터 탈출한다면' '만약 월요일에 신발들이 전부 사라진다면' '만약 하루 종일 붉은색 비가 내린다면' '만약 내가 순식간에 마네킹으로 변한다면' '만약 우리가 우리라고 말하는 순간 당신들만 넘쳐난다면' 등

|  | 시조 쓰기 3단계 적용 |
|---|---|
| 1. 단계<br><br>스스로 점검하기<br>메시지 분명히 하기<br>+<br>내 시조만의 장점 찾기 |  |
| 2. 단계<br><br>객관적 상관물(현상)을 찾기<br>+<br>관찰과 조사 정밀하게 하기 |  |
| 3. 단계<br><br>확장하기<br>상상적 체험을 섬세하게<br>극적으로 하기 |  |

하 린

2008년 《시인세계》 신인상으로 데뷔한 이후 시집 『야구공을 던지는 몇 가지 방식』, 『서민생존헌장』, 『1초 동안의 긴 고백』과 연구서 『정진규 산문시 연구』와 시 창작 안내서 『시클』과 시 창작 제안서 『49가지 시 쓰기 상상 테마』를 발간했다. 첫 시집으로 청마문학상 신인상(2011)을, 두 번째 시집으로 송수권시문학상 우수상(2015)을, 세 번째 시집으로 한국시인협회 젊은시인상(2020)을 수상했다. 그리고 2016년엔 한국해양문학상 대상을 수상했다. 중앙대학교 대학원 문예창작과에서 박사 학위를 받았으며 현재는 중앙대학교 문화예술대학원 전문가과정에서 시 창작 지도를 하면서 계간 ≪열린시학≫ 부주간을 맡고 있다. 그리고 '시클창작특강반'을 10년째 운영하고 있다.

## 이것만 알면 당신도 현대 시조를 쓸 수 있다
— 50가지 상상 테마와 함께

초판 1쇄 인쇄일 2022년 2월 28일
초판 1쇄 발행일 2022년 2월 28일

지은이 | 하린
펴낸이 | 김미아
펴낸곳 | 더푸른출판사
편　집 | 하종기

출판 등록 2019년 2월 19일 제 2009-000006호
17785 경기도 평택시 송탄로40번길 46, 101동 1602호
전화 | 031-616-7139
팩스 | 0504-361-5259
E-mail | dprcps@naver.com
홈페이지 | https://blog.naver.com/dprcps

ISBN 979-11-968107-6-4(03810)

\* 책 가격은 뒤표지에도 표시되어 있습니다.
\* 지은이와 협의에 의해 인지는 생략합니다.
\* 잘못된 책은 구입하신 곳에서 교환해 드립니다.

\*값 16,000원